Weidenmann · Gesprächs- und Vortragstechnik

Konzept und Beratung der Reihe Beltz Weiterbildung:

Prof. Dr. *Karlheinz A. Geißler*, Schlechinger Weg 13, D-81669 München.
Prof. Dr. *Bernd Weidenmann*, Weidmoosweg 5, D-83626 Valley.

Bernd Weidenmann

Gesprächs- und Vortragstechnik

Für alle Trainer, Lehrer, Kursleiter und Dozenten

Beltz Verlag · Weinheim und Basel

Bernd Weidenmann, Jg. 1945, ist Professor für Pädagogische Psychologie. Er hat langjährige Erfahrung als Trainer, vorwiegend im Bereich »Trainerqualifizierung«, sowie als Berater für Lernen mit neuen Medien.

Meiner Tochter

Lektorat: Ingeborg Sachsenmeier

© 2002 Beltz Verlag · Weinheim und Basel
www.beltz.de
Herstellung: Klaus Kaltenberg
Satz: Mediapartner Satz und Repro GmbH, Hemsbach
Druck: Druckhaus Beltz, Hemsbach
Umschlaggestaltung: Bernhard Zerwann, Bad Dürkheim
Zeichnungen: Grafikbüro Christopher Oberhuemer, München
Printed in Germany

ISBN 3-407-36400-8

Inhaltsverzeichnis

Vorwort: Pädagogisches Sprechen

Als Trainerin, Kursleiter, Lehrerin oder Dozent sind Sie Sprechberufler. Ihr Arbeitsgerät ist die Sprache. Mit Sprache tragen Sie Lerninhalte vor, helfen den Lernenden beim Verstehen, stellen Aufgaben, bewerten, ermuntern und kritisieren, meistern schwierige Situationen und beraten. Diese pädagogischen Sprechhandlungen haben eines gemeinsam: sie sind zielgerichtet und absichtsvoll.

Sprechen, um eine Wirkung auf andere zu erzielen, um andere zu beeinflussen, um Ziele zu erreichen, ist seit der Antike das Wesen der Rhetorik. Die Rede soll »auf die Einsicht und das Herz der Hörer wirken, die Einbildungskraft und das Gefühl ansprechen« (Meyers Konversationslexikon 1890). In der Antike waren es die Söhne der Elite, die in der »Kunst der Rede« unterrichtet wurden. Sie war ein Schlüssel zu Ansehen, Reichtum und Macht. Auch heute ist es die Führungselite, die sich von Rhetorik- und Kommunikationstrainern für Reden, Verhandlungen, Konferenzen und Führungsgespräche fit machen lässt. Sie erlernt allerdings nicht mehr nur die Kunst der Rede, sondern auch die Kunst des Gesprächs.

Anders als die Führungskräfte in Wirtschaft und Politik sind die pädagogischen Sprechberufler offenbar rhetorische und kommunikative Naturtalente. Denn eine systematische Schulung in Techniken der Rede und des Gesprächs ist in der Ausbildung von Lehrern und Hochschullehrern nicht vorgesehen. Und die unzähligen neben- und hauptberuflichen Kursleiter, Referenten und Trainer können ihren Beruf sogar ohne eine Ausbildung ausüben. So ist es der Eigeninitiative überlassen, ein Kommunikationstraining oder Train-the-Trainer-Seminar zu buchen, um die sprachlichen Kompetenzen zu professionalisieren.

Solche Trainings gibt es zuhauf. Sie bieten Nützliches und weniger Nützliches, manches Neue und viel alte Hüte. Die Inhalte sind meistens die gleichen: aktives Zuhören und Feedback-Regeln, die vier Seiten einer Botschaft und die vier Verständlichkeitsmacher, Ich-Botschaften und die Heilkraft der Metakommunikation, das Eisbergmodell, die Bedeutung von Blickkontakt und Lächeln, aus dem Neuro-Linguistischen-Programmieren (NLP) die Wahrneh-

»Lernen ist Einverständnis«

Bert Brecht

mungskanäle und das Pacing. Und als Dauerhit die ebenso zutreffende wie triviale Erkenntnis von Paul Watzlawick, dass man nicht nicht kommunizieren kann.

Leider erfahren Trainer, Lehrerinnen, Kursleiter und Dozentinnen in diesen Seminaren wenig oder nichts zu ihrem pädagogischen Alltag, nämlich zur Frage: »Wie kann ich Sprache professionell einsetzen, um meine pädagogischen Ziele zu erreichen?« Dafür müsste es eine eigene »Kunst der pädagogischen Kommunikation« geben. Denn Lehrer, Dozentinnen, Trainer brauchen keine pädagogische Rhetorik, keine Kunst der großen Rede, sondern eine Professionalität des pädagogischen Sprechens, eine **Anleitung für das Ermöglichen von Lernen durch Sprechen**.

Ich habe eine solche Anleitung gesucht, aber nicht gefunden. Deshalb entstand dieses Buch. Meine Basis waren Erkenntnisse über menschliches Lernen und Denken aus meiner wissenschaftlichen Tätigkeit sowie viele praktische Erfahrungen als Leiter von Rhetorik-, Kommunikations- und Train-the-Trainer-Seminaren. Mit den Jahren habe ich in meiner Arbeit mit Trainern und Lehrern die Standardinhalte durch zielgenaue Hilfen für die konkrete pädagogische Praxis ersetzt. So haben sich auch die acht Zielfelder für pädagogisches Arbeiten mit Sprache herauskristallisiert, nach denen dieses Buch gegliedert ist:

- Fragen,
- Erklären,
- Vortragen,
- Aufgaben stellen,
- Beraten,
- Feedback geben,
- Reparieren,
- Schweigen.

Hauptziel des Buches ist das Herstellen einer pädagogischen Sprech- und Verständigungskultur. Einer Kultur, in der wir sprechend **die Sachen klären und die Menschen stärken** (nach Hartmut von Hentig).

Bernd Weidenmann

Kapitel 1: Fragen

Prüfen Sie, ob »Fragen« ein Thema für Sie ist

Welchen Sätzen stimmen Sie zu?

- Mir ist meistens nach wenigen Worten klar, was jemand sagen will.
- Ich mag Leute nicht, die ihr Herz auf der Zunge tragen.
- Man kann nicht in andere hineinsehen.
- Ich ertappe mich öfter, wie ich andere unterbreche.
- Für mich zählt, was jemand sagt und nicht, was er oder sie sich vielleicht dabei gedacht hat.
- Ich frage ungern, weil Fragen etwas Zudringliches haben.

Wenn Sie auch nur einer Aussage zustimmen, lohnt es sich weiterzulesen.

Fragen, die plagen

Fragen können verunsichern, in die Enge treiben, nerven. Fragen können plagen. Lohengrin wäre ein geeigneter Schutzpatron für geplagte Befragte. Er fürchtet die Frage nach Namen sowie Herkunft und singt warnend sein »Nie sollst du mich befragen!«. Dabei hat er es gut, denn er kann der neugierigen Elsa zumindest zweimal die Antwort verweigern. Andere haben diesen Ausweg nicht. Sie müssen antworten, weil der Fragesteller die Macht hat, eine Antwort zu verlangen. Wer bei einem Verhör oder bei einer Prüfung befragt wird, ist machtlos. Die Antwort kann schaden. Man will aber nicht in die Falle tappen, ins Messer laufen, sich um Kopf und Kragen reden. Man befürchtet, dass einem das Wort im Munde verdreht wird. Zum Schluss gibt es ein Urteil, zumindest eine Beurteilung. Denn wer in solchen Situationen das Fragerecht hat, *Wer prüft, hat Macht* darf auch bewerten. Der Befragte muss es geschehen lassen. Gegenfragen sind im Drehbuch nicht vorgesehen. Die Verhörer- und Prüfersprache ist denn auch unverblümt offensiv: Man »fühlt jemand auf den Zahn«, »bohrt nach« oder »legt ihn aufs Kreuz«.

Besonders tückisch sind Zwickmühlenfragen, bei denen jede Antwort Ärger bringt. Hier eine als Liebenswürdigkeit getarnte Zwickmühle: Eine Frau schenkt ihrem Mann zu Weihnachten zwei Hemden. Am nächsten Morgen zieht er eines an, um seiner Liebsten eine Freude zu machen. Doch als er sich an den Frühstückstisch setzt, schaut sie ihn traurig an und fragt: »Das andere gefällt dir wohl nicht?« (nach einem Zitat in Watzlawick 1971, S. 194).

Es gibt viele Fragen im Alltag, hinter denen eine Zwickmühle lauert: »Wie findest du meine Figur?«, »Wie steht mir das?«, »Soll ich das kaufen?«, »Für wie alt halten Sie mich?«. Antwortet man etwa auf die Frage nach der Figur uneingeschränkt anerkennend, bekommt man zu hören: »Da sieht man wieder, wie unkritisch du bist!« Urteilt man aber kritisch, heißt es: »Ich gefalle dir nicht mehr!« Es wäre nur fair, wenn solche Frager einen vor jeder Zwickmühle warnen würden: »Alles was Sie jetzt sagen kann gegen Sie verwendet werden.« Die Kommissare im Krimi sagen das schließlich auch bei jeder Verhaftung.

Es gibt listige Befragte, die versuchen, den Spieß umzudrehen und mit einer Gegenfrage die Initiative zu erobern. Wenn der Partner darauf eingeht, sind sie aus dem Schneider. Bei der Zwickmühlenfrage »Wie findet du meine Figur?« kann man mit der Gegenfrage »Wie findest du sie denn?« Glück haben und den Partner zum Reden bringen. Doch bei einem Verhör und bei einer Prüfung wird man mit Gegenfragen kaum Erfolg haben, obwohl man mit Nachfragen im Stil von »Wie meinen Sie das genau?« zumindest Zeit gewinnen kann. Clevere Studenten wissen das. Man kann es mit Gegenfragen aber auch übertreiben, wie im folgenden Kalauer:

> »Mir geht es auf die Nerven, dass du immer mit einer Gegenfrage antwortest.« – »Warum soll ich nicht mit einer Gegenfrage antworten?«

Wenn man auf unangenehme Fragen antworten muss, ist die Versuchung groß, zu schwindeln. Oft plagt einen dann die Ungewissheit, wie viel der Frager weiß oder was er noch herausbekommen wird. Wenn der Polizist fragt »Haben Sie etwas getrunken?«, hört man von Experten den Rat, strikt »Nein« zu sagen, wenn man das Röhrchen oder die Blutprobe vermeiden möchte. Allerdings muss man damit rechnen, dass man doch überführt wird und dann noch schlechtere Karten hat. Der Jugendliche, den sein Vater fragt »Wann bist du eigentlich heute Nacht nach Hause gekommen?« muss bei seiner Antwort einkalkulieren, dass der Senior die Uhrzeit genau kennt.

Plagende Fragen hinterlassen Spuren

Ich habe plagende Fragen so detailliert geschildert, um die Erinnerung daran zu wecken, dass jeder von uns bereits unter solchen Fragen gelitten hat. Befragt zu werden hat sich schon in der Kindheit aufgeladen mit Ängsten vor Blamage, vor Ertapptwerden, vor Strafe. Plagende Fragen machen uns dann wieder zum Kind, das einem überlegenen, mächtigen Erwachsenen Rede und Antwort stehen muss. Das kann auch in Bildungsveranstaltungen unversehens wieder lebendig werden.

Das ängstliche Kind im Lerner

Die Referentin schließt ab mit »Gibt es noch Fragen?« Ein Teilnehmer sagt sich: »Ich hätte schon Fragen. Aber bin ich denn der Einzige, der etwas nicht verstanden hat? Da halte ich lieber den Mund.«

Das sind Denkmuster und Verhaltensweisen von Fragegeschädigten. Da spielt es keine Rolle, dass sie erwachsen sind, freiwillig teilnehmen und niemand sie hier im Seminar klein machen möchte. Ihre Erinnerungen sind es, die sie wieder zum Kind werden lassen.

Methoden für fragegeschädigte Lerner

So verschwindet die Scheu vor der Antwort

Unsichere Teilnehmer fühlen sich wohler und öffnen sich eher, wenn Sie das traditionelle Frageritual durch Methoden wie die folgenden ersetzen:

- Reihum antwortet jeder Teilnehmer auf die Frage; erst dann wird die richtige Antwort geklärt (Frageblitzlicht).
- Sitznachbarn (zwei bis vier Teilnehmer) »murmeln« jeweils ein paar Minuten zur Frage; dann werden die Antworten eingesammelt (zur Murmelgruppenmethode mehr in meinem Buch »Erfolgreiche Kurse und Seminare«).
- Die Teilnehmer schreiben zu einer Frage ihre Antworten auf Karten oder Papierstreifen. Wenn keiner mehr schreibt, gehen alle zur Pinnwand und nadeln die Antworten an. Dann schaut man sich alles gemeinsam an, bespricht die falschen Antworten und begründet die richtigen.

- Die Teilnehmer denken sich selbst Fragen aus und hören sich ab, zum Beispiel als Quiz, bei dem zwei Gruppen gegeneinander antreten.
- Jeder zieht aus einem vorbereiteten Fragestapel eine Fragekarte und beantwortet sie.
- Wenn Teilnehmer Fragen an den Kursleiter haben, schreiben sie diese auf Karten oder Papierstreifen und pinnen sie an. Sie werden dann beantwortet (Methode »Expertenbefragung«).

In jede dieser Methoden sind Angstdämpfer eingebaut. Beim Frageblitzlicht: »Es kommt jeder dran; ich kann hören, was andere dazu sagen.« Bei der Murmelgruppe: »Wir sind zu dritt; wenn wir die Antwort nicht finden, bin ich nicht allein.« Beim Schreiben und Anpinnen: »Was an der Pinnwand hängt, ist anonym.« Beim gegenseitigen Fragen: »Wir machen das gemeinsam.« Beim Fragestapel: »Jeder bekommt seine Frage. Vielleicht ziehe ich eine leichte.« Bei der Expertenbefragung: »Ich bin nicht der einzige, der Fragen hat. Der Karte sieht man nicht an, wer ihr Autor ist.«

Geschädigte Fragesteller

In unseren Schulen soll es – nach Berichten aus gut unterrichteten Kreisen – gelegentlich Lehrerinnen und Lehrer geben, die ihre Fragemacht ausspielen. Genüsslich treiben sie ihr Opfer in die Enge. Selbst ein »Das haben wir noch gar nicht behandelt!« hält sie nicht auf. Ihr Wappentier könnte die antike Sphinx sein, die jedem den Garaus bereitet hat, der ihre Fragen nicht beantworten konnte. An die Stelle dieser animalischen Strafe haben die kultivierten Lehrer Sublimeres gesetzt: die kopfschüttelnde Resignation (»Gibt es eigentlich noch Jugendliche, die logisch denken können?«), die Fassungslosigkeit angesichts so viel Nichtwissens (»Das verschlägt mir die Sprache!«), die persönliche Enttäuschung (»Gerade von dir hätte ich das am wenigsten erwartet.«). Das Opfer ist doppelt gedemütigt, weiß es doch, dass der Lehrer oder die Lehrerin sowohl das Nichtwissen erwartet als auch alle Fragekunst eingesetzt hat, um diese Erwartung zu beweisen. Selbstredend sieht sich der enttäuschte Pädagoge nicht mitschuldig am aufgedeckten Lerndefizit. Er fühlt sich also auch nicht aufgefordert, den Mangel zu beheben und den Versager zu unterstützen. Das ist verständlich, denn ein Machtgefühl verleiht nur das Ausfragen; muss man dagegen erklären, wird man bescheiden.

Fragen als Demütigung

Wer immer nur ausfragt, verlernt das Fragen

Pseudo-Fragen

Wer jahrelang Fragen als Instrument der Kontrolle praktiziert, versäumt oder verlernt die schönste und wertvollste Art zu fragen: das offene, unvoreingenommene, neugierige Fragen. Wer abfragt, kennt die richtige Antwort schon. Er will nur überprüfen, ob der Ausgefragte ebenfalls Bescheid weiß. Wer das neugierige Fragen praktiziert, kennt die Antwort nicht. Also wartet er gespannt darauf. Das langjährige Ausfragen trainiert Haltungen, die einen für dieses neugierige Fragen beschädigen: Besserwissen, Schubladendenken, Ungeduld. Für das neugierige Fragen braucht man Unvoreingenommenheit, Offenheit, Geduld. Der Ausfrager wartet nur auf das Stichwort für sein Urteil »richtig« oder »falsch«. Der Rest interessiert ihn nicht. Der neugierige Frager hört hin und will noch mehr erfahren.

In der Pädagogik gilt Sokrates als Meister des Fragens. Die »sokratische Methode« bringt die Augen gebildeter Pädagogen zum Leuchten. Der folgende Ausschnitt aus dem Kratylos-Dialog nach Platon ist allerdings kein Musterbeispiel für pädagogisches Fragen.

Sokrates:	»Weißt du auch das nicht zu sagen, wer uns die Worte überliefert, die wir gebrauchen?«
Hermogenes:	»Auch nicht.«
Sokrates:	»Dünkt es dich nicht der Gebrauch und die eingeführte Ordnung zu sein, was sie uns überliefern?«
Hermogenes:	»Das scheint wohl.«
Sokrates:	»Es ist also ein Werk dessen, der die Gebräuche einrichtet, des Gesetzgebers, dessen jener Belehrende sich bedient, wenn er sich der Worte bedient?«
Hermogenes:	»Der die Kunst innehat.«
Sokrates:	»Also o Hermogenes, kommt es nicht jedem zu, Worte einzuführen, sondern nur einem besonderen Wortbildner. Und dieser ist, wie es scheint, der Gesetzgeber, von allen Künstlern unter den Menschen der seltenste.«
Hermogenes:	»So scheint es.«

Der große Meister stellt Fragen, auf die er ein »Ja« erwartet. Von Offenheit und Bereitschaft, sich auf die Gedanken des Lernenden einzulassen, ist nichts zu spüren. Der Lerner ist Stichwortgeber und Abnicker. Mit Suggestivfragen (»nicht?«, »also?«) führt Sokrates ihn an der Leine. Dieser Sokrates ist nicht neugierig. So hört es sich an, wenn man über dem Ausfragen das Fragen verlernt hat. Allerdings ist dies der Sokrates, wie Platon ihn sprechen lässt. Der echte Sokrates, Erfinder der Hebammenkunst beim Denken, muss ein begnadeter Fragender gewesen sein.

Das neugierige Fragen

In den Kommunikationstrainings für Manager und Verkäufer gibt es den Leitspruch: »Wer fragt, der führt.« Doch wer neugierig fragt, will nicht führen, sondern entdecken und sich überraschen lassen. Es kann ein Abenteuer sein, in einen Menschen einzutreten (sich im Wortsinn »ein-zulassen«) und sich dort umzusehen, sich teils von ihm führen zu lassen, teils selbstständig in dessen Innenwelt zu flanieren. Fragen sind es, welche die Tür öffnen.

Allerdings öffnen nur Fragen, die aus einer Haltung der **akzeptierenden Neugier** entstehen. Neugier wie Akzeptanz müssen vorhanden sein, sonst gelingt das Fragen nicht. Menschen haben ein untrügliches Gespür dafür, ob bei einer Frage Neugier oder Akzeptanz fehlen. Dann schließen sie ihre Tür und lassen niemanden herein. Neugier signalisiert dem Befragten: »Du bist jemandem wichtig.« Akzeptanz sagt ihm: »Du kannst ehrlich sein. Du wirst so angenommen wie du bist.« Das Erste wertet auf, das Zweite entspannt.

So befragt zu werden, ist eine angenehme Erfahrung und eine seltene. Denn akzeptierende Neugier ist aus der Mode gekommen. Sie steht für eine Beziehungskultur des Gesprächs, die rar wird, weil ihr die moderne Ungeduld und Selbstbezogenheit die Luft nimmt. Ungeduld verlangt: »Bringe es auf den Punkt!«. Selbstbezogenheit klopft das Gespräch sofort auf seinen Nutzen ab: »Lohnt sich das?« Angesagt ist der blitzschnelle Check: »Was ist das für ein Typ, was will der von mir, kann ich mit dem?« – »Was ist das für ein Thema? Interessiert mich das? Bringt es mir was? Kenne ich das schon?« Nicht nur zu Hause vor dem Bildschirm, sondern längst auch beim Kontakt mit Menschen liegt der Finger auf der Fernbedienung, bereit zum sozialen Zapping, wenn der Quick-Check negativ ausfällt. Die Medien tun ihr Übriges dazu: Das Lakonische der »short messages« per Handy, das kindliche Gekürzel und Gestammel des Chattens prägt immer mehr unsere Alltagssprache.

Je mehr die technischen Möglichkeiten zur Kommunikation wachsen, desto mehr scheint die Fähigkeit zur Kommunikation zu schrumpfen. Joseph Weizenbaum, ein Skeptiker der neuen Medienwelt (Weizenbaum 2000), wurde von einem Journalisten interviewt, der ihm vorhielt, wie großartig es doch sei, wenn Menschen auf dem ganzen Globus dank Internet und anderen neuen Medien grenzenlos miteinander kommunizieren könnten. Weizenbaum antwortete: »Wunderbar. Aber was ist, wenn sie sich nichts zu sagen haben?« Tatsächlich verbreitet sich in der Kommunikationsgesellschaft das »Wir-haben-uns-nichts-zu-sagen-Symptom« wie ein Computervirus. Sprachlose Ehepaare, sprachlose Jugendliche, sprachlose Kollegen, in den Wohn- und Schlafzimmern, in den Discos, in den Kantinen. Man ist räumlich beieinander, aber weiß nicht, worüber man reden soll. Man fragt nichts, weil man die »akzeptierende Neugier« verloren oder gar nicht erst entwickelt hat.

Das neugierige pädagogische Fragen

Eine alltägliche Szene im Unterricht: Die Lehrerin fragt einen Schüler ab. Der antwortet, aber falsch. Lehrerin: »Jetzt denk mal richtig nach, sonst wird das nie was.« Sie wiederholt die Frage. Der Schüler grübelt und gibt eine neue Antwort. Wieder falsch. Lehrerin: »Das wird ja immer besser!« Dann versöhnlich: »Ich habe es doch wirklich ausführlich erklärt. Aber für dich mache ich es jetzt noch mal.« Sie nennt die richtige Antwort und wiederholt ihre Erklärung aus dem vorigen Unterricht.

Versetzen wir uns in die Lehrerin, so gut es geht. Sie hört die falsche Antwort. Sie meint, dass der Schüler nicht genügend nachgedacht hat. Sie gibt ihm eine zweite Chance. Sie erhält eine weitere falsche Antwort. Sie gibt die Hoffnung auf. Sie ärgert sich, weil sie den Stoff zuvor ausführlich erklärt hat. Und nun das. Trotzdem tut ihr der Schüler Leid. Sie gibt ihm Nachhilfe.

Verpasste Chance Diese Lehrerin hat ihren Job getan als Befragerin und als Belehrerin. Als Pädagogin hat sie versagt. Zwei falsche Antworten haben ihr genügt, um zu entscheiden: Hier hilft nur erneutes Erklären. Das ist ein leichtsinniger Kurzschluss, ein vorschneller Griff zur Erklärungsroutine. Die Lehrerin hätte ihre Aufforderung »Jetzt denk mal richtig nach, sonst wird das nie was« besser selbst beherzigt. Es wäre ihr bewusst geworden, dass sie über das Entscheidende nichts erfahren hat: Was ging in meinem Schüler vor? Was hat er sich wirklich gedacht? Ziemlich sicher ist, weil es um eine Note geht: Der Schüler hat »richtig« nachgedacht! Vermutlich hat er nach Kräften versucht, aus Erinnerungs- und Wissensbruchstücken die richtige Antwort zusammenzubasteln. Vielleicht hat er sogar gemeint, seine Antwort sei korrekt. Und wahrscheinlich hat er nach dem ersten »Falsch!« neue Kombinationen angestellt. Die Lehrerin weiß davon nichts. Sie ist nicht neugierig. Sie fragt nicht nach. Aber selbst wenn sie es täte, würde sie es »akzeptierend« tun?

»Neugierig fragen« ist keine Technik, sondern eine innere Haltung

In Kommunikationstrainings lernen die Teilnehmer Fragetechniken. Sie bekommen den Rat, **offene Fragen** zu stellen, keine geschlossenen. Auf geschlossene Fragen kann man nur mit »Ja« oder »Nein« antworten. Offene Fragen sind **W-Fragen**: warum, wie, wo, wann, wer, wozu?

Fragetypen

Führungskräfte und Verkäufer lernen, wie man mit Fragen steuert. Wenn der Kunde zögert, packt der Hochdruckverkäufer die **Alternativfrage** aus und macht den Sack zu: »Wollen Sie den Komplettrechtsschutz oder nur den Verkehrsrechtsschutz?« Er bringt den Kunden mit **Suggestivfragen** in einen Ja-Rhythmus: »Sie wollen doch sicher, dass Ihre Familie abgesichert ist, wenn Ihnen etwas passiert?« – »Ja natürlich.« – »Und diese Absicherung soll so ausfallen, dass Ihre Familie nicht in finanzielle Schwierigkeiten kommt?« – »Ja.« – »Meinen Sie nicht, dass eine Investition in die Absicherung Ihrer Familie eine sinnvolle Investition ist?« – »Das stimmt.« – »Wäre eine Verzinsung von steuerfrei sechs Prozent plus Absicherung im Todesfall nicht eine gute Anlage?« – »In der Tat.« – »Also wäre eine Lebensversicherung doch eine gute Alternative zu anderen Absicherungen? Wie viel monatliche Prämie sind Sie bereit, dafür zu investieren?« Das ist Fragetechnik pur.

Mir haben Fragetechniken wenig geholfen. Die manipulativen wollen mir nicht über die Zunge. Und die gut gemeinten wende ich nicht an. Mitten im Gespräch ist es mir nämlich noch nie gelungen, darüber nachzudenken, ob ich jetzt eine offene oder eine geschlossene Frage, eine W-Frage oder eine verpönte Suggestivfrage stelle. Ich habe etwas Anderes beobachtet: Wenn ich wirklich neugierig bin, stelle ich auch die richtigen Fragen.

In meinen Train-the-Trainer-Seminaren arbeiten wir deshalb nicht mehr an Fragetechniken, sondern an der inneren Haltung: »Bin ich neugierig? Bin ich offen und akzeptierend?« Als Test lasse ich manchmal einen überzeugten Nichtraucher ein paar Minuten mit einem überzeugten Raucher sprechen. Die Aufgabe lautet: »Finden Sie als Nichtraucher heraus, was das Rauchen für Ihren Gesprächspartner bedeutet.« Es ist immer wieder verblüffend, wie hilflos die Frager sich dabei anstellen. Meistens beginnen Sie mit der Frage: »Warum rauchen Sie?« Solche **Warum-Fragen** entspringen der Haltung des Quick-Checks, wie oben geschildert. Man ist ungeduldig, man will ohne Umschweife wissen, was Sache ist. Diese erzwungene Vereinfachung und Verengung macht es aber so schwer, auf Warum-Fragen zu antworten. So kommt nur ein Allgemeinplatz heraus, zum Beispiel »Weil es mir schmeckt.«

Warum-Fragen sind schlechte Fragen

Im Verlauf des Gesprächs kommt der Nichtraucher unweigerlich auf das Thema Schädlichkeit und Sucht zu sprechen. »Es ist Ihnen schon bewusst, dass

Rauchen nicht gerade gesund ist?!« (Suggestivfrage mit unterschwelligem Vorwurf), »Warum rauchen Sie trotzdem weiter?« (Warum-Frage mit unterschwelligem Vorwurf), »Könnte es sein, dass Sie das Nikotin brauchen?« (Suggestivfrage mit unterschwelligem Vorwurf). Spätestens jetzt ist der Frager zum mahnenden Retter (mit unterschwelligem Vorwurf) geworden. Keine Spur von »akzeptierender Neugier«, kein Versuch, das Rauchen mit den Sinnen des Rauchers zu erleben. Kein neugieriges Verlassen der eigenen Nichtraucher-Existenz, kein Versuch, sich in den Raucher hineinzuversetzen. Vor allem: kein verstehendes Akzeptieren, sondern abgrenzende Distanz. »Arme Teufel, diese Raucher!« Weil die innere Haltung nicht gestimmt hat, haben auch die Fragen nicht gestimmt.

In die Mokassins des anderen steigen

Im Indianermuseum in Manhattan (sinnigerweise gleich bei der Wall Street) habe ich eine Ausstellung gesehen, die mich sehr beeindruckte. Sie zeigte Objekte aus dem Indianeralltag, zu denen die Einsender jeweils eine Geschichte erzählten. Ich stand vor einem Paar alter, kostbar bestickter Mokassins und sah auf einem Monitor, wie ein jüngerer Indianer berichtete, sie hätten seinem Urgroßvater gehört. Er selbst habe die Mokassins eines Tages unter alten Sachen gefunden und sie angezogen. Dabei sei etwas Wunderliches geschehen. Seine Füße hätten sich plötzlich wie von selbst in einem stampfenden Rhythmus bewegt. Seine Mutter habe ihm später erzählt, dass sein Urgroßvater diese Mokassins zum Bärentanz getragen habe, den tanzen zu dürfen eine große Auszeichnung war. Seit diesem Erlebnis im Indianermuseum ist für mich die Redeweise »die Mokassins des anderen anziehen« keine Floskel mehr. Besser kann man nicht beschreiben, worauf es beim neugierigen Fragen ankommt. So lange ich nicht die Welt zumindest für eine kurze Zeit vom Standpunkt des anderen aus sehe, so lange ich dazu nicht seine Mokassins an den Füßen trage, weiß ich noch nicht genug.

Fremde Mokassins anzuziehen, kann Überwindung kosten. Der Nichtraucher im Beispiel wollte vermutlich nicht in die Schuhe eines Rauchers steigen. Nicht einmal probehalber. Seine Abscheu gegenüber Rauchen und Rauchern hat ihm das verwehrt. Vielleicht wollte auch die Lehrerin beim Ausfragen nicht in die Schuhe eines Schülers schlüpfen, der ihre pädagogischen Bemühungen so scheitern ließ. Doch solange ich in meinen eigenen Mokassins bleibe, verstehe ich den anderen nicht. Pädagogen müssen besonders gute Ohren haben. Es gibt aber oft erst etwas zu hören, wenn man fragt. Sobald man neugierig fragt, ist man schon dabei, die Mokassins des anderen anzuziehen.

»Weiß ich schon genug?«

Fragen heißt mehr erfahren wollen. Deshalb fragen Neugierige nach. Uninteressierte geben sich mit der ersten Antwort zufrieden, wenn sie überhaupt gefragt haben. Der Nichtraucher und die Lehrerin wollten nicht mehr wissen. Was sie gehört haben, war ihnen genug. »Alles klar«. Aber sie haben noch lange nicht genug erfahren. Die Lehrerin weiß nichts darüber, was sich der Schüler gedacht hat, was er weiß und was er nicht weiß. Der Nichtraucher hat nichts darüber erfahren, was die Zigarette für den Raucher und seinen Alltag bedeutet, was sie ihm gibt, wann er sie braucht, wie er sich ohne sie fühlt, was es heißt, ein Raucher unter Nichtrauchern zu sein.

Neugieriges Fragen in pädagogischen Situationen

Wenn man einmal angefangen hat, sein pädagogisches Handeln an der Testfrage »Weiß ich schon genug?« auszurichten, stellt man erstaunt fest, wie viel Chancen man bisher vergeben hat. Dazu drei Beispiele:

Ein Schüler sagt: »Das begreife ich nicht«.
Reaktion des Lehrers: »Ok, ich erkläre es dir noch mal.«
Die Alternative nach dem Prinzip »Weiß ich schon genug?« lautet dagegen: »Was begreifst du, was nicht?«, »Was fehlt dir genau, um es zu begreifen?«
Gewinn: Der Schüler wird angeregt, Bestandsaufnahme zu machen. Der Lehrer erfährt genauer, wo es hapert und worauf er aufbauen kann.

Drei Beispiele für neugieriges Fragen

Eine Kursteilnehmerin sagt zum Beitrag eines anderen Teilnehmers: »Das ist eine tolle Idee!«
Erste Reaktion der Kursleiterin: »Finde ich auch.«
Die Alternative nach dem Prinzip »Weiß ich schon genug?« lautet: »Was finden Sie so toll?«, »Was gefällt Ihnen daran so gut?«, »Was an dieser Idee bringt uns weiter?«
Gewinn: Es wird allen deutlich, worin der Vorzug dieser Idee besteht.

Ein Seminarteilnehmer sagt: »Es stimmt, was Sie sagen. Das habe ich auch schon erlebt.«
Erste Reaktion des Trainers: »Das freut mich.«
Die Alternative nach dem Prinzip »Weiß ich schon genug?« wäre: »Wie war das?«, »Erzählen Sie einmal.«
Gewinn: Die anderen hören Authentisches zum Thema. Mit der Erzählung kann man vielleicht weiterarbeiten.

Der neugierig fragende Pädagoge arbeitet wie ein gutes Trüffelschwein: Immer schnüffeln und tiefer graben, es könnte etwas Wertvolles zu Tage gefördert werden. Trüffelschweine haben Freude am Schnüffeln und Graben.

Öffnende Fragen statt offene Fragen

Nicht die Fragen sollen offen sein, sondern der Fragende. Dann stellt er »öffnende« Fragen und nur die führen weiter. Doch was sind öffnende Fragen? Hier eine Auswahl:

Beispiele für öffnende Fragen

- »Wie war das?«
- »Wie ging es Ihnen dabei?«
- »Wie geht es Ihnen jetzt?«
- »Was ging Ihnen durch den Kopf?«
- »Was beschäftigt Sie gerade?«
- »Wie ging es weiter?«
- »Was haben Sie dann gemacht, gedacht, gespürt?«
- »Wie haben die anderen reagiert?«
- »Was hat Ihnen daran gefallen, nicht gefallen?«
- »Was hätten Sie gerne anders?«
- »Was bedeutet Ihnen ...?«
- »Was fällt Ihnen ein, wenn ...?«

Öffnen können auch Sätze, die gar keine Fragen sind, aber trotzdem Neugier ausdrücken:

- »Das verstehe ich nicht ganz.«
- »Erzählen Sie mal.«
- »Das interessiert mich.«
- »Dazu möchte ich gerne mehr hören.«

Oder kurze Impulse wie:

● »Wirklich?«
● »Was?«
● »Na so was.«
● »Spannend.«
● »Aha.«

Noch einmal: Öffnende Formulierungen stellen sich von alleine ein, wenn die innere Haltung der akzeptierenden Neugier stimmt. Dann passt auch die Körpersprache: Blickkontakt, Vorbeugen, aufmerksame Mimik.

Ausfragen: Ein zweifelhaftes Ritual

»Wann wurde Caesar ermordet?«, »Wie heißt der Dreiklang mit der großen Terz unten?«, »Was ist eine Tangente?«, »Welche Komödien hat Kleist geschrieben?«, »Wie viel Kohlenstoff-Atome hat das Zuckermolekül?« Typische Fragen an Schülerinnen und Schüler, wenn sie vor der Klasse stehen und ausgefragt werden. Das Ziel des Rituals ist klar: Überprüfen, ob Lernende das vorgegebene Lernziel erreicht haben. Prinzip: Jede Antwort ist eindeutig als richtig oder falsch zu bewerten. Die Bewertung nimmt der Fragesteller vor.

Ausfragen steht für eine ganz bestimmte Lernkultur, eine Kultur des Objektivierens, Normierens, Zensierens. Die Frage ist in diesem Ritual eine Münze, die man in einen Zigarettenautomaten steckt. Die Antwort muss als Packung herausfallen. Kommt gar nichts oder etwas anderes heraus, ist der Automat defekt. Diese Methodik des Ausfragens hat drei pädagogische Mängel:

● **Sie ist anfällig für Irrtümer.** Eine richtige Antwort beweist keineswegs, dass das Lernziel erreicht ist. Sie kann auch durch mechanisches Auswendiglernen, durch Scheinwissen oder durch blindes Raten zustande gekommen sein.
● **Sie blendet das Persönliche aus.** Sowohl die Frage wie die Antwort sind beim Ausfragen von allem Persönlichen »gereinigt«. Nur die Frage zählt, nicht was den Fragesteller interessiert. Die Antwort zählt, nicht was der Antwortende sich dabei denkt. Es ist wie beim Kartenspiel. Der Eine spielt aus, der andere legt nach. Dann zeigt sich, wer den Stich gemacht hat. Es ist bedeutungslos, was in den Spielern vor sich geht.

● **Sie ist unfruchtbar für Lernprozesse.** Ausfragen verschenkt Lernchancen. Ausgefragte erfahren, dass ihre Antworten falsch sind, aber meist nicht, was denn richtig wäre und was sie in ihrem Denken ändern sollen. So wird Nichtwissen nicht nur festgestellt, sondern festgeschrieben. Das ist schade, weil beim Abgefragtwerden der Betroffene seine Wissenslücken erkennt und in diesem Moment seine Bereitschaft groß ist, endlich Bescheid zu wissen, um nicht wieder »dumm dazustehen«. Doch im Ausfrageritual verändern sich meist auch die Pädagogen. Da gibt es Lehrer, die alles Pädagogische abstreifen, sobald sie sich ans Ausfragen machen. Sie agieren nur noch in der Rolle des gewissenhaften Prüfers, der eine Note vergibt. Am Ende entlassen sie den Schüler mit allen aufgedeckten Wissenslücken in die Freiheit. Vielleicht beschenken sie ihn noch mit einem gut gemeinten, aber wirkungslosen Ratschlag (»Setz dich halt auf den Hosenboden und arbeite alles noch einmal durch!«). Als Pädagogen müssten sie stattdessen selbst die Ärmel hochkrempeln und sich unverzüglich mit dem Schüler und der Klasse an die pädagogische Sanierungsarbeit machen.

Lerndiagnose statt Ausfragen

Wenn Ausfragen wirklich das Ziel verfolgen will, einen individuellen Lernstand zu bestimmen, ist eine andere Methodik gefragt:

So wird Ausfragen zur Lernchance

● **Bringen Sie den Lerner zum Sprechen, damit Sie in seine Gedankenwelt »einsteigen« können.** Bei der Strategie des punktgenauen Fragens, wie wir es aus der Schule und aus den Quizsendungen kennen, gelingt es nicht, in den Befragten hineinzutreten, sich in ihm umzusehen. Da steht der Fragende vor dem Automaten und wartet, was der auswirft. Für eine Lerndiagnose ist das entschieden zu wenig. Kursleiter oder Trainer müssen mehr erfahren und brauchen dazu die Mitarbeit des Lernenden. Die geeignete Methodik und innere Haltung ist das oben beschriebene neugierige Fragen. Statt »Wann wurde Caesar ermordet?« beginnt ein neugieriger Lehrer mit einem Türöffner, etwa »Was hältst du von Caesar?«, »Wenn du mit Caesar ein Interview machen könntest, was würdest du ihn fragen?«. Wenn der Lehrer jetzt genau zuhört, erfährt er, ob es zwischen dem Lernstoff und der Person des Lerners überhaupt zu einer Verbindung gekommen ist und in welchen Bereichen. Gibt es Anzeichen für Interesse?
Im zweiten Schritt versucht man herauszufinden, wie dicht das Wissensnetz ist, das der Lerner zum Stoff geknüpft hat. Öffnende Fragen könnten

sein: »Wie ist Caesars Leben verlaufen?«, »Was waren deiner Ansicht nach Meilensteine in Caesars Biografie?«. Jetzt bekommt man eine Ahnung davon, wie der Lerner den Gegenstand in seiner Vorstellung repräsentiert, welche kognitive Landkarte er angelegt oder welches mentale Modell er konstruiert hat. Das ist der zentrale Suchbereich jeder Lerndiagnose. Jetzt kann man auf die Ermordung kommen, wobei die Jahreszahl pädagogisch wohl ebenso marginal ist wie die genaue Zahl der Messerstiche (es waren 22). Wichtiger wäre es, vom Lerner zu erfahren: »Wie würde wohl Caesar seine Ermordung erklären?«, »Was würden Brutus und seine Freunde zu ihrer Verteidigung vorbringen?«, »Was ist deine persönliche Erklärung für die Ermordung?«

Durch dieses neugierige Fragen haben Sie eine Chance, sich eine Vorstellung davon zu machen, wie der Lerner den Lernstoff verarbeitet hat, was ihn anzieht und langweilt, was er versteht und was er falsch aufgefasst hat, was er kann und was er noch lernen müsste. Vor allem Eines bewirkt diese Art zu fragen: Sie erkennen, was diesen Lerner von den anderen unterscheidet. Sie nehmen sein eigenes und eigenartiges Lernprodukt wahr. »Lerndiagnose« verlangt gerade dies. Nur festzustellen, ob Antworten in eine Norm passen, ist keine Lerndiagnose. Das Sortieren von Hühnereiern in Handelsklassen taugt schlecht als Vorbild für Pädagogen.

● **Geben Sie dem Lernenden Auskunft über Ihre Lerndiagnose.** In großen Unternehmen wird der Führungsnachwuchs in aufwändigen, teils mehrtägigen Assessment Center geprüft, beobachtet und schließlich ausgesucht. Ein Grundprinzip ist, dass man jeden Bewerber, auch wenn er abgelehnt wird, im Detail darüber informiert, was die Tests und Beobachtungen ergeben haben. So wird auch das nicht bestandene Verfahren zu einer Lernchance für den Einzelnen. Das sollte ebenso für das Befragen in Unterricht, Kurs oder Seminar gelten. Sie wechseln dabei in eine andere Funktion. Beim Befragen war es Ihre Absicht, den Lerner zum Reden zu bringen und ihm aufmerksam zuzuhören. Jetzt müssen Sie selbst Farbe bekennen, offen sein, während der Lerner aufmerksam lauscht. Pauschale Bewertungen (Note, Kommentare wie »War ganz gut« usw.) sind natürlich keine Lerndiagnosen. Dass Lerner die Diagnose so selten erfahren, hat nahe liegende Gründe. Mit der Lerndiagnose wird offenbar, wie sorgfältig Sie als Fragender gearbeitet, wie aufmerksam Sie zugehört, wie korrekt Sie bewertet haben. (Tipp: Machen Sie während des Befragens Notizen.) Sie müssen außerdem damit rechnen, dass der Lerner mit Ihrer Diagnose nicht einverstanden ist, sie im Nachhinein korrigieren möchte. Doch die Auskunftspflicht ist das Pendant zum Fragerecht. Wer nur das zweite will, schafft

Die Diagnose gehört dem Lernenden

keine Lernkultur der Gegenseitigkeit. Überlegen Sie einmal: Was würden Sie erfahren wollen, wenn jemand Sie befragt oder getestet hätte?

● **Setzen Sie die Lerndiagnose in Lernen um.** Ist die Lerndiagnose mitgeteilt, gilt es, sie lernwirksam zu machen. Impulse an den Lernenden sind: «Wo bist du mit deinem Wissen/Können zufrieden? Wo nicht?«, »Was nimmst du aus dieser Befragung mit?«, »Was würdest du tun, wenn du wüsstest: in einer Woche frage ich dich das Gleiche noch einmal?«, »Wo genau siehst du Nachholbedarf?«, »Was hat besondere Priorität?«. Der nächste Schritt wäre dann: »Was nimmst du dir konkret vor?«, »Wie willst du die Aufgabe anpacken? Wann, wie, mit wem?«, »Was könnte dir dabei helfen?«, »Wie kann ich dabei helfen?«. Sie entscheiden dann, ob ein Teil der notwendigen Lernarbeit an Ort und Stelle erfolgt, zusammen mit den anderen Lernern.

Ich habe die Beispiele dieses Abschnitts bewusst aus dem Raum »Schule« gewählt, weil das unproduktive, normierende Ausfragen vor allem dort zu Hause ist. In der Kultur der Erwachsenenbildung gibt es dieses Ritual selten und dann in der Regel nicht während eines Kurses oder Seminars, sondern in einem Prüfungsverfahren zum Abschluss einer Bildungsmaßnahme, zum Beispiel um ein Zertifikat zu erwerben. Die hier geschilderte Methodik des »neugierigen Fragens« ist nicht für solche Prüfungen gedacht, sondern für die individuelle Lerndiagnose während einer Bildungsmaßnahme.

Fragen und Scheinwissen

Hätten Sie's gewusst?   Wie kommt es, dass die Gestalt des Mondes wechselt, vom Vollmond zum Halbmond zur Sichel? Etwa 80 Prozent der Erwachsenen geben eine falsche Antwort. Die meisten meinen, der Erdschatten sei es, der den Mond zur Sichel aushöhlt. Die Sonne müsste dann hinter der Erde stehen. Wenn man aber nun fragt »Haben Sie schon einmal Mondsichel und Sonne gleichzeitig am Himmel gesehen?«, dann wird mit dem »Ja« schlagartig klar, dass diese Erwachsenen nur Pseudowissen erworben haben.

Der unvergessene Pädagoge der Naturwissenschaften Martin Wagenschein hat gegen dieses »Scheinwissen«, wie er es nennt, einen lebenslangen Aufklärungsfeldzug geführt (Wagenschein 1999). Am Beispiel der Mondphasen bestürzt ihn nicht die Unkenntnis als solche, sondern die Tatsache, dass jeder mit eigenen Augen sehen kann, dass die Erklärung mit dem Erdschatten nicht taugt. Doch was man mit eigenen Augen sieht, wird von vielen nicht durchdacht, nicht zu eigenständigem Wissen verarbeitet. Für die Erklärung der

Mondsichel werden dann Wissensbruchstücke zu-sammengesucht, die man in schlechtem Unterricht angesammelt hat.

> *»Statt zu wissen, was er sehen könnte, wenn er ge-lernt hätte hinzusehen, hat er leere Sätze bereit.«*
> (Wagenschein 1999, S. 62)

Martin Wagenschein beklagt, dass Eltern und Lehrer das aufmerksame Hinsehen und gedankliche Verar-beiten des Gesehenen nicht lehren. Die Folge: dem Kind fehlen die anschaulichen Wurzeln für das Verste-hen. Schlimmer noch, manchem Kind, das Erfahrun-gen in die Schule mitbringt, werden diese Wurzeln ausgerissen.

> *»Der Wurzeln beraubt zu werden und dafür ein Ge-rede angeboten zu bekommen, das ist ein nichtswür-diger Tausch.«* (Wagenschein 1999, S. 65)

Kinder sind neugierig. Doch auf ihre Fragen bekommen sie nur in seltenen Fällen einen Weg zum richtigen Verstehen gewiesen. Meist werden sie von Er-wachsenen mit Worten abgespeist, hinter denen selbst Scheinwissen steht. »Warum zieht der Magnet Eisen an?« – »Wegen der Kraftlinien.« »Warum ist Licht hell?« – »Weil es aus Strahlen besteht.« Nach Wagenschein ist dann das Unglück schon geschehen. Denn Staunen, Suchen, Grübeln, Klären, Verstehen sind ausgeblieben. Der Wissensdurst wurde durch ein schnell hingeworfenes »leeres Wort« gestillt. Noch einmal Wagenschein (1983, S. 107):

> *»Das Beunruhigende beim Vergleich der Kinder-Wachheit und dem Wie-im-Schlaf-Hersagen der Erwachsenen ist mir nicht die Unkenntnis, sondern das Scheinwissen. Entstanden nicht auf dem Boden, sondern auf Kosten der Phä-nomene: verdunkelndes Wissen.«*

Fragen sind in zweierlei Hinsicht ein starkes Medikament gegen die Krankheit des Scheinwissens:

- Fragen decken Scheinwissen auf.
- Fragen helfen beim Entstehen von verwurzeltem Wissen.

Aufdeckende Fragen zielen darauf, die Pseudosicherheit des Scheinwissens zu erschüttern. Zum Beispiel, indem man ein Phänomen einbringt, zu dem diese Erklärung nicht mehr passt (im Mondbeispiel das gleichzeitige Erscheinen von Sonne und Mond am Himmel, das die Erdschattentheorie widerlegt). Oder indem man die Erklärung hinterfragt: »Was heißt Lichtstrahlen? Kann man sie zählen?«. »Was sind Kraftlinien? Wie dick sind sie? Was ist dazwischen?« Dann wird schnell klar, dass Lichtstrahlen und Kraftlinien keine realen Dinge sind, sondern lediglich Metaphern.

Fragen sind Hilfen beim Aufbau von Wissen. Sie regen die Lernenden an, ihre Auseinandersetzung mit dem Lerngegenstand gründlich und genau zu gestalten, hinzusehen und nachzudenken, weiterzusuchen und neu zu kombinieren. In seiner Autobiografie schildert Wagenschein (1983, S. 117ff.) ein Beispiel aus einer Weiterbildung mit Lehrern (T = verschiedene Teilnehmer, W = Martin Wagenschein):

Ein Beispiel für
pädagogisches Fragen

T: »Wenn ich ein Glas unter Wasser ganz voll mache und es dann mit dem Boden vorsichtig über das Wasser hinaushebe, sodass sein Rand nicht über die Wasseroberfläche kommt, dann geht das Wasser im Glas mit.«

W: »Wie meinen Sie das ›Geht mit‹?«

T: »Die Wasseroberfläche im Glas ist dann höher als die in der Wasserschüssel. Das Wasser bleibt drin.«

W: (zu den anderen) »Wissen Sie, was er meint? – Ich sehe es Ihnen an, dass Sie es nicht vor sich sehen!«

T: (lachend) »Ja, dann müssen wir es eben mal machen, damit wir es vor uns haben.«

Man holt eine Zinkwanne voll Wasser.

W: (an T) »Ist es so richtig?«

T nickt. Gemurmel bei den anderen.

W: »Ja, was wir hier gemacht haben, ist jetzt klar. Jetzt: Was ist hier das Problem?«

T: »Dass das Wasser im Glas bleibt, erstaunt mich. Sonst leert sich doch Wasser aus.«

T: »Wir sind gewohnt, dass Wasser ausfließt. Es widerspricht der Gewohnheit.«

T: »Das Wasser kann nicht raus. Denn ...«

W: »Wieso, will es denn?«

T: »Es will schon – aber da drin in der Wanne ist halt viel mehr Wasser. Da kommt es nicht gegen an. Es kann sich nicht durchdrängen. Einer gegen viele.« (Gelächter)

W: »Das ist doch richtig. Die Menge macht es.«

T: (zögernd) »Wenn im Glas mehr Wasser wäre ..., wenn das Wasser im Glas so viel wäre wie draußen ...«

W: »Ja, ja! Da drängen sich Experimente auf, wie?«

T: »Ja, wenn wir statt der Wanne einen Suppenteller ... nein das geht nicht!«

Mehrere stimmen zu. Ein Teller wird geholt. T. versucht es mit Bierglas und Suppenteller. Es missglückt zuerst, weil das Glas gleich zu hoch gehoben wird. Dann klappt es: Das Wasser bleibt im Glas, auch wenn das Glas (umgekehrt) nicht auf dem Teller ruht. Erstauntes Lächeln.

So weiter, zwei Stunden lang. Es entsteht, begleitet und geleitet von Fragen, »verwurzeltes« Wissen.

Fragen, die situieren

Eine Frage wie »Wann ist Caesar ermordet worden?« verlangt vom Lernenden lediglich, in seinem Gedächtnis nach einer Jahreszahl zu blättern. Die Frage »Wie würde wohl Caesar seine Ermordung erklären?« setzt dagegen eine Vielzahl von Prozessen in Gang. Es entstehen innere Bilder und szenische Vorstellungen (Caesar spricht). Wissensbestände müssen für diese Aufgabe neu zusammengestellt werden. Gefühle kommen ins Spiel, persönliche Sichtweisen und Wertmaßstäbe. Weil die Aufgabe anspruchsvoller ist als die Frage nach der Jahreszahl, wird die Antwort auch umso Vieles wertvoller für die Lerndiagnose. Weil die Frage einen situativen Kontext herstellt (»Fragen wir mal Caesar selbst«), einen überraschend neuartigen dazu, macht sie meistens auch den Befragten mehr Freude als die trockenen Quizfragen, bei denen es nur richtig oder falsch gibt.

Eine Lehrerin kann im Biologie-Unterricht fragen: »Welche Bestandteile hat eine Doldenblüte?«. Sie kann aber auch situierend fragen: »Du bist eine Biene. Fliege mal eine Doldenblüte an und erzähle, was du siehst und tust.«

Bei der beruflichen Erwachsenenbildung im Schulungszentrum einer Bank kann der Kursleiter fragen: »Was ist der Ausgabeaufschlag bei einem Investmentfonds?« Situierend wäre stattdessen: »Erklären Sie einem Kunden, der noch nie einen Fonds gekauft hat, was ihn das alles zusätzlich kostet und wofür

*»Fliege mal eine
Doldenblüte an«*

er das bezahlen muss.« Oder: »Sie sind Wirtschaftsminister und wollen den Kunden zuliebe den Ausgabeaufschlag abschaffen. Wer wird bei Ihnen mit welchen Argumenten protestieren?« Sogar bei abstrakten Themen kann man situieren. In der Hochschullehre lautet eine Standardfrage: »Vergleichen Sie die Theorien von Wissenschaftler N und Wissenschaftlerin NN.« Eine situierende Professorin fragt: »Ich bin jetzt Wissenschaftlerin N und Sie Wissenschaftler NN. Lassen Sie uns einmal diskutieren.« Die Diskussion können Studenten auch in Gruppen getrennt vorbereiten und dann vorführen (s. dazu die Ideen im obigen Abschnitt »Methoden für fragegeschädigte Lerner«, S. 12f.).

Wenn Sie Ihren Fragestil auf situierendes Fragen umstellen, werden Sie eine interessante Beobachtung machen: Die Befragten kramen nicht mehr nur in ihrer geistigen Ablage herum, sondern fangen an, ernsthaft nachzudenken. Und die anderen langweilen sich nicht mehr, sondern hören gespannt zu. Sie als Frager sind jetzt neugierig darauf, was Sie zu hören bekommen. Plötzlich verstehen Sie besser, was im Kopf des Lernenden vor sich geht. Sie haben ein ödes Abfrageritual in eine lebendige pädagogische Situation verwandelt.

Mit Antworten umgehen

*Sind Sie eine
Etikettiermaschine?*

Sobald ein Lerner auf eine Frage antwortet, zeigen viele Lehrende eine Verhaltensweise, die so schnell und automatisch abläuft wie ein Reflex: Sie kleben jeder Antwort sofort ein Etikett auf. Wie die Etikettiermaschine in einer Abfüllanlage. Wie dort die Flaschen, kommt hier keine Antwort ohne Etikett davon. Das Etikett besteht in der Regel aus einem Wort: »Richtig«, »Nein«, »OK«, »Gut«, »Super«, »Naja«, »Falsch«, »Aha«, »Prima«. Wenn ein eifriger Abfrager eine Frage nach der anderen aus dem Köcher zieht und die eintreffenden Antworten ebenso flink etikettiert, hört es sich etwa so an (ein letztes Mal am Caesar-Beispiel): »Wann wurde Caesar ermordet?« – »Im März.« – »Stimmt. Jahr?« – »40 vor Christus.« – »Nein.« – »42 vor.« – »Falsch. Wer hat ihn ermordet?« – »Brutus.« – »Richtig. Andere Namen?« – »Cassius« – »Wer noch?« – »Weiß ich nicht mehr.« – »Schade.«

Hinter dem sofortigen Etikettieren der Antworten steckt Absicht. Der rasche Kommentar signalisiert: »Die Antwort ist abgehakt«, »Das war's.« Zeit für die nächste Frage. Etikettierer sind ungeduldig. Sie werden zu Gunsten Ihrer Methode anführen: »Durch meinen Kommentar erfährt der Lernende immer sofort, wie gut seine Antwort war. Und weil es dann keine langen Diskussionen gibt, kann ich mehr Fragen in der Zeit stellen und erfahre deshalb mehr.« Doch was genau erfährt der Lernende durch die Einwort-Etiketten wirklich? Helfen sie ihm weiter? Und was genau erfährt der Lehrende bei seinem Frage-Hopping? Kann er sich so ein differenziertes Bild vom Wissensstand des Lernenden machen?

Wenn Sie das »neugierige Fragen« vorziehen, reagieren Sie auch anders auf Antworten:

Anders mit Antworten umgehen

- Sie fragen sich: »Weiß ich schon genug?«
- Sie fragen nach, lassen sich noch mehr berichten.
- Sie versuchen, etwas über die Gedanken hinter der Antwort zu erfahren (»Was ging Ihnen durch den Kopf?«), über den Weg zur Antwort (»Wie sind Sie darauf gekommen?«), über verworfene Antworten (»Haben Sie auch andere Antworten erwogen?«).
- Sie arbeiten mit der Antwort weiter (»Wenn Sie ... sagen, bedeutet das dann ...?«, »Wie könnte das in der Praxis aussehen?«, oder konfrontierend: »Wie verträgt sich das mit dem, was Sie vorher gesagt haben?«).
- Sie fassen eine längere Antwort oder mehrere Antworten zusammen und versichern sich beim Lernenden, ob Sie sie zutreffend erfasst haben.

Erst wenn Sie zum Thema genug erfahren haben, werden Sie den Lernenden zu einem neuen Thema befragen, bei ihm eine neue Tür öffnen. Und erst wenn Sie die Informationen aus dem ganzen Gespräch verarbeitet haben, sind Sie in der Lage, dem Lernenden Ihre Eindrücke und Einschätzungen mitzuteilen (siehe Abschnitt »Lerndiagnose statt Ausfragen«).

Tipps zum Üben

- Fragen Sie sich einen Übungstag lang bei jedem Gespräch, ob beruflich oder privat: »Weiß ich schon genug?«. Beobachten Sie, wie Sie Ihre Redeweise ändern, wie Ihre Gesprächspartner reagieren und was Sie Neues erfahren.
- Fragen Sie Ihren Partner oder Ihre Partnerin, wie Sie als Redepartner wahrgenommen werden. Bescheinigt Ihr Partner Ihnen »akzeptierende Neugier«?
- Versuchen Sie, in der Arbeit mit Schülern oder Seminarteilnehmern das »neugierige Fragen« zu praktizieren. Ändert sich dadurch das Unterrichts- oder Seminarklima? Was fällt Ihnen leicht, was schwer? Hat es sich für Sie gelohnt?
- Üben Sie »situierendes Fragen« zur Lerndiagnose. Wie wirkt es sich aus?
- Beenden Sie keine Lerndiagnose, ohne mit dem Lernenden Maßnahmen zu vereinbaren. Vergessen Sie nicht, sich während des Befragens Notizen zu machen.
- Achten Sie darauf, wie Sie mit Antworten umgehen. Neigen Sie zum Etikettieren? Wenn ja, entwickeln Sie eine Strategie, um dieses Verhalten zu ersetzen (Anregungen dazu im Abschnitt »Mit Antworten umgehen«).

Kapitel 2: Erklären

Prüfen Sie, ob »Erklären« ein Thema für Sie ist

Welchen Sätzen stimmen Sie zu?

- Wenn ein Stoff schwierig ist, soll man ihn auch so darstellen. Wer vereinfacht, verfälscht den Inhalt und verhätschelt die Lernenden.
- Anschauliches Erklären verhindert das abstrakte Denken.
- Das Wichtigste beim Wissenserwerb ist eine gute Erklärung.
- Wenn Lerner trotz einer präzisen Erklärung etwas nicht verstehen, haben sie sich eben nicht genug konzentriert.
- Ich halte wenig davon, eine Erklärung mit Bildern, Skizzen usw. anzureichern. Das lenkt nur ab.
- Wenn ich für einen Sachverhalt eine saubere Erklärung formuliert habe, ist es für meinen Vortrag egal, ob ich es nur mit einem Lernenden oder mit vielen Teilnehmern zu tun habe.

Wenn Sie auch nur einer Aussage zustimmen, lohnt es sich, weiterzulesen.

Wie entsteht Wissen?

Erklären ist gefragt, wenn jemand etwas nicht versteht. Nicht verstehen heißt »Ich kann etwas nicht einordnen, keinen Sinn erkennen, es nicht erfassen.« Wenn eine Schülerin oder ein Kursteilnehmer sagt »Jetzt habe ich es verstanden«, ist gemeint: »Jetzt macht es Sinn, jetzt begreife ich es, jetzt verfüge ich über das Wissen«. Wenn Sie erklären, kommt es also darauf an, jemand beim Verstehen zu helfen. Im Wort »Erklären« steckt »klären«, etwas klar, hell, durchsichtig machen. So sagt der Lernende »Jetzt blicke ich durch«, wenn die Erklärung erfolgreich war.

Wie erklären Sie am besten? Wie erreichen Sie als Lehrer, Kursleiter oder Trainerin, dass Ihre Teilnehmer bei einem neuen Lernstoff klar sehen? Zu dieser Schlüsselaufgabe gibt es eine Vielzahl didaktischer Ansätze. Auch die Psychologie hat aus der Erforschung von Lern- und Denkprozessen Erkenntnisse beigetragen. Seit einigen Jahren kommt es zu einem Wechsel der Sichtweisen. Das jahrhundertelang vertraute Modell des Erklärens ist in die Kritik gekommen. Ein neues Modell macht ihm Konkurrenz. Nennen wir das ältere »Transportmodell«, das neuere »Konstruktionsmodell«.

Das traditionelle Modell: Erklären ist Transport von Wissen

Die Annahme dieses Modells lautet: Ihr Wissen als Experte ist transportierbar. Wenn Sie als Lehrender Ihr Wissen gekonnt kommunizieren, wird es von den Lernenden erfolgreich aufgenommen und dadurch zu deren eigenem Wissen. Voraussetzung ist, dass die Lehrenden die Vermittlungsmethoden beherrschen und dass die Lernenden bei der Sache sind, gründlich zuhören oder lesen, verarbeiten und abspeichern. Sind diese Voraussetzungen gegeben – so das Modell – klappt der Wissenstransport. Die Lieferung kommt unbeschadet beim Empfänger an und geht in seinen Besitz über.

Wie tief dieses Transportmodell verwurzelt ist, kann man an Redewendungen und Vergleichen ablesen. Aus dem Mittelalter stammt das Bild vom Nürnberger Trichter. Wissen wird in dieser Metapher direkt ins Gehirn abgefüllt. Erklären als Infusion. Schon in der Redewendung »Jemandem etwas beibringen« verrät sich das Transportmodell. Man muss das »beibringen« nur auf »vorbei bringen« erweitern. Das verflixte »Brett vor dem Kopf« drückt aus, dass der Wissenstransport auf eine verrammelte Tür trifft. Die modernere Variante der gleichen Metapher – wohl nach Erfindung der Elektrizität – lautet: »Ich stehe auf der Leitung.« Wenn der Trichter verstopft ist, klagt der Abfüller: »Will das denn gar nicht in deinen Schädel?« Für den Transport von Wissen gibt es statt des Königsweges in das Gehirn auch die Magen-Darm-Route, wie man an folgenden Redeweisen sehen kann: »Die hat die Weisheit nicht mit Löffeln gefressen« oder »Endlich, jetzt hat sie es gefressen!« oder »Jetzt hat er es geschluckt!«.

Für die Transport-Pädagogen kommt alles auf das »Aufbereiten« an. Damit die Lernenden den neuen Stoff »fressen«, »schlucken« und »verdauen«, muss man ihn gut portionieren, mundgerecht zubereiten, appetitlich anordnen. Der Wissenstransporteur wird zum Fütterungsspezialisten. Jahrhundertelang haben Pädagogen Anleitungen entwickelt und an Methoden gefeilt, damit dieses Transportieren und Füttern möglichst reibungslos vonstatten geht. Doch die unberechenbaren Gehirne der Lernenden erwiesen sich als Störgröße, die man mit noch so perfekten Methoden nie in den Griff bekommen konnte. Man musste zur Kenntnis nehmen, dass die Transportmethode zwar bei einfachen Inhalten sehr gut funktioniert, aber umso weniger leistet, je komplexer das zu verstehende Wissen ist.

Das moderne Modell: Wissen als schöpferische Leistung

Dieses Modell erklärt, warum manche Schüler trotz sorgfältigster Aufbereitung des Lernstoffs oft scheitern. Die Annahme des Modells: Wissen wird im Kopf des Lernenden jeweils eigens konstruiert. Es ist das Produkt eines schöpferischen Prozesses. Wissen wird nicht transportiert, empfangen und übernommen. Bestenfalls werden Informationen (aber nicht Wissen) von außen als Material für diese Wissenskonstruktion verwendet. Welches Wissensnetz ein Lerner aus den gelieferten Materialien strickt, welches Wissensgebäude er damit erstellt, ist individuell und kaum vorherzusagen. Ebenso offen bleibt, wie Lernende diese Informationen deuten und bewerten, wie sie sie entsprechend ihrer Interessen und Denkstile filtern und umformen, wie sie das Neue mit ihrem sonstigen Wissen verbinden.

Dieses Modell deckt sich mit neueren Forschungsergebnissen aus der Psychologie und ist eng verbunden mit der philosophischen Richtung des Konstruktivismus. Pädagogisch bedeutet es eine Verlagerung der Blickrichtung: Weg vom Wissenstransport und seiner Logistik hin zu den geistigen Vorgängen in den Lernenden. Diese neue Orientierung zerstört die Illusion des Transportmodells, auf der unser ganzes Schulsystem aufbaut: Nämlich dass alle das Gleiche lernen, wenn man ihnen gleich aufbereitete Informationen präsentiert. Laut Konstruktionsmodell wird das Gleiche – die gleichen Sätze des Lehrers, die gleichen Seiten aus dem Lehrbuch, die gleichen Schritte aus der Lernsoftware – von jedem Lernenden auf eine andere Weise zu individuellem Wissen umgewandelt. Wobei es statt »umgewandelt« heißen müsste »anders zur Konstruktion von individuellem Wissen genutzt«. Eigentlich ist diese Erkenntnis eine Selbstverständlichkeit, wenn man sich vor Augen führt, was Lernende leisten, wenn sie Informationen in Wissen verwandeln. Sie müssen …

Was Lernende leisten müssen

- ihre Aufmerksamkeit ausrichten (Fokussierung).
- den Wörtern Sinn verleihen, die mitgeteilten Aussagen herausarbeiten (Decodierung).
- bereits Gesagtes oder Gelesenes im Gedächtnis halten, um den roten Faden nicht zu verlieren (Kohärenzbildung).
- Wichtiges von Unwichtigem unterscheiden (Selektion, Reduktion).
- Neues mit dem eigenen Wissen verbinden, innere Bilder erzeugen (Elaboration).
- versuchen, vorerst nicht Verstandenes durch Raten oder Schlussfolgern zu erschließen (Inferenzen).
- die vielen Informationen in eine überschaubare Ordnung bringen (Strukturierung).

Dies ist nur eine Auswahl der vielfältigen geistigen Prozesse beim Wissenserwerb. Die hier aufgezählten wurden in der neueren Psychologie bevorzugt untersucht (deshalb die Fachbegriffe in den Klammern). Schon diese Auswahl macht erkennbar, in wie vielen Aspekten der eine Lerner vom anderen bei seiner Wissenskonstruktion abweichen kann, obwohl die mitgeteilten Informationen für beide objektiv die gleichen sind. Das Transportmodell ist für diesen Sachverhalt viel zu simpel.

Die Didaktik der Konstruktivisten

Das Konstruktionsmodell des Wissenserwerbs macht das Erklären schwieriger. Genauer gesagt, es macht in aller Deutlichkeit bewusst, wie schwierig Erklären ist. Das Transportmodell hat alles einfacher aussehen lassen: Man muss das Wissen nur perfekt mitteilen, dann klappt es auch mit dem Verstehen. Wenn aber jeder Lernende das mitgeteilte Wissen anders für die Wissenskonstruktion verwendet, wenn jeder ein anderes Vorwissen, andere Denkstile entwickelt hat, anders filtert und anreichert, wie soll man dann erklären?

Erklären ist schwierig

Aus dem Konstruktionsmodell ist verständlicherweise kein Königsweg für das Erklären entstanden. Stattdessen hat sich eine »konstruktivistische Didaktik« herausgebildet, die einen bunten Strauß von methodischen Ideen zu bieten hat (Reinmann-Rothmeier, Mandl u.a. 2001). Diese Ideen haben trotz ihrer Verschiedenheit wichtige Grundzüge gemeinsam.

> ### Konstruktivistische Didaktik
>
> - Die Lernenden sollen aktiv sein, den Lernprozess beeinflussen können.
> - Die Lernenden sollen Probleme bearbeiten und alle dazu nötigen Hilfen erhalten.
> - Die Arbeit mit dem neuen Wissensinhalt soll multiperspektivisch erfolgen. Bei der Lernarbeit sollen die Vorgaben und Blickrichtungen wechseln.
> - Das Lernen soll authentisch sein, die Wissensinhalte sollen im Kontext von lebensnahen Situationen präsentiert und bearbeitet werden.
> - Der einzelne Lernende soll sich während des Wissenserwerbs mit anderen Lernern und dem Lehrenden verständigen, Erfahrungen austauschen, Feedback bekommen.

Jeder dieser Grundzüge ist mit didaktischen Zielen verknüpft.

Das wollen die Konstruktivisten erreichen

- Die Aktivität und Selbststeuerung des Lernenden soll Raum dafür lassen, dass der Wissenserwerb in einer Weise ablaufen kann, die der Individualität dieses Lernenden entspricht.
- Die Arbeit an konkreten Problemstellungen und die Multiperspektivität sollen den **Aufbau von beweglichem Wissen** fördern. Damit meinen die Konstruktivisten Wissen, das die Lernenden später erfolgreich in unterschiedlichen Situationen anwenden können. Sie kritisieren, dass die traditionelle Wissensvermittlung viel zu oft nur »träges Wissen« entstehen lässt: Die Lernenden können es zwar benennen (zum Beispiel beim Abfragen), aber nicht in Alltagssituationen anwenden.
- Die Authentizität, die Praxisnähe der Problemstellungen und der Anwendungskontexte sollen sowohl das Interesse fördern (»Das kann ich brauchen!«), als auch Erfahrungen ermöglichen, auf die der Lernende im Alltag bauen kann. Dazu zählen Fehler und Misserfolge, die in den Augen der Konstruktivisten wertvoll sind. Man lernt, sie kein zweites Mal zu begehen. Man erlernt außerdem das **Fehlermanagement**, also Strategien, wie man Probleme und Widrigkeiten anpackt und meistert.
- Die Kommunikation mit anderen nutzt die Tatsache, dass **jeder für jeden eine Lernquelle** sein kann. Das Sprechen über Gedanken und Erfahrungen verlangt, das eigene Wissen zu artikulieren. Die Lernenden können vergleichen, wie andere vorgegangen sind und welche Erfahrungen sie gemacht haben. Multiperspektivität gelangt also auch über den sozialen Austausch in den Lernprozess.

Erklären aus der Perspektive des Lernenden

Wissen ist ein Produkt, das der Lernende herstellt. Erklären sollte also konsequent mit Sicht auf den Lernenden erfolgen. Wenn Sie erklären, sollten Sie daher die Mokassins des Lernenden anziehen und sich immer wieder fragen »Weiß ich schon genug über den Lernenden?« (siehe dazu Kapitel »Fragen«). Diese Haltung fällt Experten besonders schwer. Sie denken und erklären in der Regel gar nicht für die Lerner, sondern referieren den Stoff so, wie sie ihn selbst geistig abgelegt haben. Sie schildern ihre eigene Wissensstruktur, die sie zum Thema aufgebaut haben. Nach dem Arche-Noah-Prinzip (»Haben wir auch keinen vergessen?«) gehen sie penibel auf alle Details ein. Sie spicken ihre Erklärung mit Begriffen, welche die Lernenden nicht kennen. Veranschaulichungen und andere Verstehenshilfen scheuen sie wie der Teufel das Weihwasser. Dazu eine Anekdote aus eigener Erfahrung. Beim ersten Elternabend nach dem Wechsel unserer Tochter aufs Gymnasium verkündete der Schulleiter in der Aula: »In der Grundschule hat ihr Kind noch anschaulich gelernt. Damit ist es vorbei. Am Gymnasium müssen die Kinder abstrakt denken lernen.«

Erklären heißt: die Mokassins des Lernenden anziehen

Dieser Lehrer meint also: Um abstrakt denken zu können, muss man abstrakt lernen. Das ist Unsinn mit fatalen Folgen für die Kinder. Denn erst wenn sie etwas be-griffen, er-fasst, er-kannt haben, können sie davon abstrahieren. Das Begreifen fällt ihnen umso leichter, je anschaulicher sie das Neue kennen lernen. Der Pädagogikprofessor Horst Rumpf hat für das Abstrahieren aus dem Anschaulichen eine treffende Metapher in der Schulbotanik gefunden: »Man muss die Blumen selbst pressen. Nur dann weiß man, wie sie geduftet haben.« Unser Gymnasialdirektor entscheidet sich stattdessen für das Austeilen von Trockenblumen. Damit verhindert er, was ihm so am Herzen liegt, dass nämlich seine Schüler das Abstrahieren lernen. Sie können es nicht lernen, weil sie immer nur bereits Abstrahiertes vorfinden. Weil ihnen zu diesen Trockenblumen die Anschauung fehlt, lernen sie das Abstrakte auswendig oder wenden es mechanisch an. So entsteht **verdunkelndes Wissen** und Scheinwissen, nicht Einsicht und Erkenntnis (siehe dazu Kapitel »Fragen«, Abschnitt »Fragen und Scheinwissen«, S. 24ff.).

Ein Schulleiter irrt sich

G.B. Shaw hat in seiner Kurzvita geschrieben: »Vorübergehend wurde mein Bildungsweg durch die Schule unterbrochen.« Offensichtlich war auch er kein Freund von Trockenblumen.

Die Behauptung, unanschauliches Lernen schule das abstrakte Denken, schadet aber nicht nur den Schülern. Sie entlastet gleichzeitig die Lehrer von jeglicher Mühe, ihren Schülern den Stoff auf anschauliche Weise verständlich zu machen. Das Ärgerliche ist, dass sie sich damit nicht nur die harte Arbeit er-

sparen, sich auf die Lernenden einzustellen; sie erhöhen auch noch ihr Ansehen als Experte. Denn je schwieriger sie die Materie darstellen, desto eher erkennen die Lerner, dass es eben nur den Besten vergönnt ist (zu denen sich der Experte zählt), zur Erkenntnis vorzudringen. Wie schön, dass wenigstens im angloamerikanischen Raum das Prinzip gilt: »Erkläre auch das Schwierigste so, dass es die Lernenden verstehen.« Ein Lehrer, Professor, Fachreferent oder Lehrbuchautor, der ohne Rücksicht auf die Lernenden nur seine eigene Wissensstruktur zum Besten gäbe, würde in den USA sein Ansehen nicht steigern, sondern sich wegen seiner Selbstgefälligkeit blamieren.

Gleiche Augenhöhe beim Erklären

Beim Erklären wird die Beziehung zum Lernenden jedes Mal auf eine Probe gestellt. Es geht dabei nämlich nicht nur um Verstehen, sondern auch um das Selbstwertgefühl der Beteiligten.

- **Das Selbstwertgefühl auf Seiten der Lehrenden:** sie werden ärgerlich und verlieren die Geduld, wenn das Verstehen trotz ihrer Erklärungsversuche nicht klappen will.
- **Das Selbstwertgefühl auf Seiten der Lernenden:** Sie fühlen sich überfordert, unter Druck gesetzt oder einfach dumm und ratlos, wenn sie nicht mitkommen.

Wenn das Selbstwertgefühl angekratzt wird, verlassen Lehrende wie Lernende die Ebene des kooperativen Miteinander. Eltern kennen das, wenn sie ihren Kindern bei den Hausaufgaben helfen müssen. Als pädagogische Laien sollen sie jetzt das erklären, was den professionellen Lehrern zuvor nicht gelungen ist. Was daraus oft entsteht, ist bekannt:

Krisen beim Erklären
- **Der erfolglos Lernende rutscht in das Drehbuch »hilfloses Kind«:** »Ich schaffe das nicht. Das kapiere ich nie! Ich bin zu dumm dafür.« Oder das Drehbuch »trotziges Kind«: »Mir hängt alles zum Hals raus. Ich habe es satt. Mir reicht es!«
- **Der erfolglos Erklärende spielt das Kritische-Eltern-Drehbuch mit genervter Entrüstung:** »Das darf doch nicht wahr sein. Das muss doch in deinen Kopf reingehen. Jetzt konzentriere dich doch endlich!«, mit Drohungen: »Ich erkläre es dir ein letztes Mal. Dann gebe ich es auf.« und mit Etikettierungen: »Du kannst einfach nicht logisch denken!«.

Dieses Kippen aus der Balance, das Verlassen der gleichen Augenhöhe, um das Selbstbild zu schützen, vergiftet die pädagogische Beziehung. Der Lehrende entwickelt Aggressionen gegenüber dem »dummen« Lernenden. Der Lernende kann den maulenden Pädagogen nicht mehr ertragen. Die Lösung liegt beim Erklärenden: Er muss versuchen, die Mokassins des Lernenden anzuziehen (siehe Kapitel »Fragen«). Wenn Sie sich beim Erklären aufregen, wenn Sie fassungslos den Kopf schütteln, wenn Sie drohen, dann stehen Sie nicht in den Mokassins des Lernenden. Denn sobald Sie versuchen, »im Lernenden zu sein«, in seinen Strukturen zu denken, werden Sie sich nicht mehr empören, aufregen oder zum Drohen hinreißen lassen. Wie beim Fragen ist also auch beim Erklären die innere Einstellung das A und O: »Was geht im Lernenden vor?« und »Weiß ich schon genug?«

Ein Rezept für das Erklären

Die folgende Vorgehensweise ist ein Vorschlag. Er berücksichtigt die referierten psychologischen und didaktischen Erkenntnisse. Betrachten Sie diese Empfehlung als ein Grundrezept. Je nach Situation (nur ein Lernender, eine kleine Gruppe oder eine große Gruppe) und je nach Thema (geht es zum Beispiel um Wissensinhalte oder um Bewegungen) sollte man es variieren. Dieses **Grundmodell des Erklärens** besteht aus vier Schritten.

> ### Das Grundmodell des Erklärens
>
> - Schritt 1: Ziel definieren und Nutzen aufzeigen.
> - Schritt 2: Überblick verschaffen.
> - Schritt 3: Erfahrungen machen lassen.
> - Schritt 4: Erfahrungen auswerten.

Ich habe das Grundmuster des Erklärens bei der folgenden Schilderung in das Szenarium einer Entdeckungsreise gestellt. Der Erklärende ist der kundige Reisebegleiter, der Lernende der neugierige Tourist. Touristen wollen etwas erleben, sie wollen sich nicht langweilen, lieben aber auch keine unnötigen Strapazen. Ein guter Reisebegleiter geht auf die Reisenden ein, er passt die Tour ihren Wünschen und Fähigkeiten an. Er macht Angebote und trifft Vereinbarungen. Während der Tour überprüft er immer wieder, wie es den Teilnehmern geht. Er beobachtet und fragt sie. Das gemeinsame Ziel ist, dass die Touristen hinterher möglichst viel über die Region wissen, die sie erkundet haben.

Erklären als Entdeckungsreise

Schritt 1: Ziel definieren und Nutzen aufzeigen

Reisevorbereitung und Vorfreude

Der Reisebegleiter informiert die Reisenden, wo es hin-
geht. Er weckt Interesse und zeigt den Touristen auf, was
sie von der Reise mitnehmen werden. Man bespricht den
Ablauf. Nehmen wir als Beispiel einen Volkshoch-
schulkurs zum Thema »Psychologie der Persönlichkeit«.

Ein Beispiel   Die Leiterin könnte so einsteigen: »Unser Thema
heute ist die Theorie der Kausalattribution. Das
klingt sehr abgehoben. Aber es geht um etwas ganz
Konkretes, um etwas in meinem und in Ihrem Alltag. Ich konnte die Theorie schon einige Male anwenden, um persönliche Unterschiede zwischen
Lernenden besser zu verstehen. Die Theorie liefert
zum Beispiel eine Antwort auf folgende Fragen:
Warum können sich manche Menschen über einen Erfolg nicht
richtig freuen? Warum lassen sich die einen durch Misserfolge nicht
unterkriegen, während andere depressiv werden? Wie gehe ich selbst mit Erfolg und Misserfolg um? Ist das günstig oder ungünstig für mich? Wenn Sie die
Theorie kennen, verstehen Sie nicht nur andere besser, sondern auch sich
selbst. Vielleicht fassen Sie sogar den Entschluss: da will ich etwas ändern.«

Damit ist das Thema abgesteckt. In den Köpfen der Teilnehmer haben sich Erwartungen gebildet. Sie wissen, es geht um Leistung, Erfolg, Misserfolg, persönliche Reaktionen darauf. Die Neugier ist geweckt, denn die Teilnehmer
haben gehört, dass das Thema etwas mit ihnen zu tun hat.

Die Erklärende und die Lernenden vereinbaren jetzt den Ablauf: »In ein
paar Minuten haben Sie die Grundzüge dieser Theorie verstanden. Sie werden
sie dann auf Beispiele aus dem Alltag anwenden. Sie können prüfen, ob Ihnen
die Theorie hilft, sich besser zu verstehen.« Ein Lernender bringt vielleicht
noch einen Wunsch ein, etwa: »Wo kann ich mehr dazu nachlesen?« Dann
fasst die Lehrende das vereinbarte Vorhaben zusammen und schreibt es für alle
sichtbar an. »Erstens: Was sagt diese Theorie? Zweitens: Wie erklärt sie meinen
Alltag? Drittens: Was bedeutet die Theorie für meine Person? Viertens: Wo
kann ich dazu mehr lesen?«.

Schritt 2: Überblick verschaffen

Studium der Landkarte für die Reiseroute

Man sieht sich die Topografie des Gebietes aus der Vogelperspektive an: Berge, Flüsse, Orte, Straßen, Besonderheiten. Man informiert sich über das Land.

Am Beispiel Kausalattribution könnte die Erklärende die Theorie-Landkarte so beschreiben:

»Kausalattribution heißt auf Deutsch Ursachenzuschreibung. ›Zuschreibung‹ heißt: Etwas ist passiert, wir wissen die Ursache nicht genau, aber wir vermuten eine. Ursachenzuschreibung nehmen wir besonders bei Ereignissen vor, die uns persönlich betreffen: ein unerwarteter Erfolg, ein Schicksalsschlag, eine Veränderung.

Beispiel für einen Überblick

Die Theorie unterscheidet zwei Arten von Ursachenzuschreibung: von außen oder von innen. Von außen heißt: Ich sehe die Ursache für das Ereignis in Umständen, die außerhalb meiner Person liegen. Das ist dann eine ›externale Attribution‹. Beispiel: Ich habe mit Erfolg eine Prüfung bestanden und sage: ›Ich habe eben Glück gehabt.‹ Ich kann aber das gleiche Ereignis auch mit Faktoren erklären, die innerhalb meiner Person liegen, ›internal attribuieren‹. Beispiel: Nach dem Erfolg in der Prüfung sage ich: ›Kein Wunder, ich habe mich ja auch so gut vorbereitet wie noch nie.‹

Noch eine Unterscheidung ist in dieser Theorie wichtig: die internalen und externalen Attributionen können ›stabil‹ oder ›variabel‹ sein. Stabil heißt: Es sind Faktoren, die ich nicht beeinflussen kann. Variabel heißt: Diese Ursache kann ich ändern. Beispiel: Die Erklärung ›Ich habe eben Glück gehabt‹ ist eine stabile externale Attribution. Die Erklärung ›Ich habe mich ja auch so gut vorbereitet wie noch nie‹ ist eine variable internale Ursachenzuschreibung.

Bei der Forschung zu dieser Theorie hat man entdeckt, dass es Menschen gibt, die einen bestimmten Stil der Kausalattribution entwickelt haben. Die einen neigen dazu, Misserfolge immer auf internal stabile Faktoren zurückzuführen. Bei Erfolgen attribuieren sie aber external. Sie geben sich also für Misserfolge selbst die Schuld, schreiben aber Erfolge äußeren Umständen zu. Man nennt diese Personen ›misserfolgsorientiert‹. Dieser Stil ist sehr ungünstig. Denn ein Erfolg baut sie nicht auf, weil sie ihn nicht als eigenes Verdienst sehen. Aber jeder Misserfolg quält sie, weil sie ihn erbarmungslos sich selbst zuschreiben. Das umso mehr, wenn sie internal stabil attribuieren, also Faktoren die Schuld geben, die sie nicht beeinflussen können, zum Beispiel ›Ich bin halt unbegabt.‹, ›Ich habe kein Durchhaltevermögen.‹, ›Ich bin zu sensibel.‹ Im Grunde läuft dieser Attributionsstil darauf hinaus: ›Ich bin hilflos. Ich kann gegen Misserfolge nichts tun.‹ Der Extremfall ist dann die Depression.

Ein anderer Stil zeichnet die ›Erfolgsorientierten‹ aus. Sie attribuieren Erfolge und Misserfolge vor allem variabel und recht realistisch als Mischung aus internalen und externalen Faktoren. So können sie aus Erfolgen Kraft schöpfen. Bei Misserfolgen sagen sie sich: ›Das nächste Mal passiert mir das nicht mehr, denn ich werde das und das anders machen.‹ Sie sehen sich nicht als hilfloses Opfer, sondern weitgehend als Verursacher von Ergebnissen und Ereignissen.

Jetzt kennen Sie die wichtigsten Elemente der Theorie zur Kausalattribution. Ich halte sie noch einmal fest: Man schreibt Ereignissen Ursachen zu. Sie können external oder internal sein, stabil oder variabel. Manche Menschen haben einen bevorzugten Attributionsstil entwickelt. Der kann für sie günstig oder ungünstig sein.«

Hilfreich ist es, wenn die Kursleiterin diese Informationen tatsächlich wie eine Landkarte visualisiert, zum Beispiel als Mindmap. Mindmaps sind »Denkkarten«. Es gibt gute Mindmapping-Software (zum Beispiel das Programm Mind Manager), mit denen man Mindmaps erstellen und dann ausdrucken oder mit dem Beamer projizieren kann. Eine »Denkkarte« zu unserem Beispiel könnte folgendermaßen aussehen. Man liest sie im Uhrzeigersinn.

Mindmap zum Wissensgebiet »Kausalattribution«

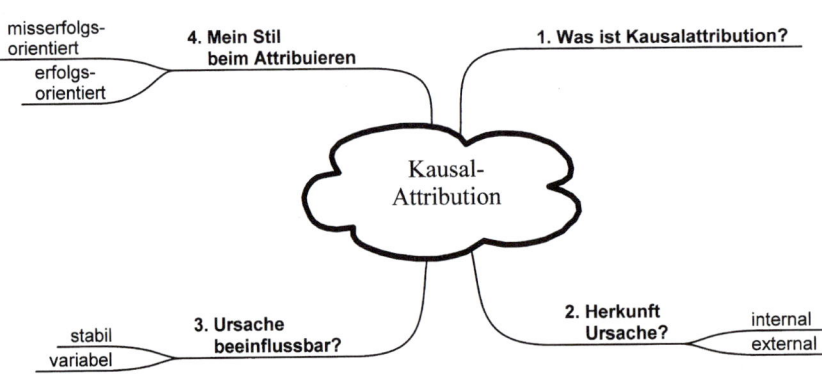

Diese Landkarte oder eine andere Visualisierung präsentiert man gleich zu Beginn und kommentiert sie nach und nach. Oder man präsentiert zuerst nur die grafische Struktur, den Mittelkreis und die Äste, und trägt die Begriffe dann ein, wenn sie an der Reihe sind. Es gibt auch die Freihandvariante: Man zeichnet und beschriftet die Mindmap nach und nach. Dann wächst die Landkarte mit, bis alles besprochen ist.

Psychologisch gesehen haben die Teilnehmer jetzt zwei Fortschritte auf dem Weg zum Verstehen gemacht. Sie haben einen Überblick über das Wissensgebiet gewonnen. Und sie haben das Baumaterial für die Konstruktion des eigenen Wissensnetzes erhalten. Jetzt kommt es darauf an, sie ihr Wissensnetz ausbauen zu lassen. Diese Arbeit gelingt umso besser, wenn sie auch Spaß macht, wenn die Lernenden – wie die Touristen auf der Reise – etwas erleben. Hier bietet sich die konstruktivistische Didaktik an: authentische Situationen, herausfordernde Probleme, Aktivität der Lernenden, miteinander reden.

Schritt 3: Erfahrungen machen lassen

Das Erlebnis der Reise

Man startet die Reise, überwindet Herausforderungen, erlebt Überraschungen, meistert Probleme. Der Reiseleiter ist da, wenn man ihn braucht. Hier einige »Reisemöglichkeiten« durch das Land »Kausalattribution«.

- **Die Teilnehmer erhalten eine kurze, aber konkrete Fallbeschreibung**: In dieser Fallbeschreibung scheitert eine Person in einer für sie wichtigen Leistungssituation. Jeder Teilnehmer denkt sich eine wahrscheinliche Attribution aus und trägt sie als »inneren Monolog« der fiktiven Person vor. Die anderen sollen jeweils bestimmen, um welche Art der Attribution (external, internal, stabil, variabel) es sich handelt. Dann ist der nächste Teilnehmer an der Reihe und trägt seinen Attributionsmonolog vor.
- **Vorgabe wie oben, aber diesmal wird die Art der Attribution nach dem Zufallsprinzip vorgegeben:** Dies geschieht zum Beispiel durch Würfeln oder Ziehen von Karten, auf denen je eine von vier Vorgaben steht: external – stabil, external – variabel, internal – stabil, internal – variabel. Der Teil-

nehmer, der an der Reihe ist, muss dann zu der fiktiven Person die gezoge-
ne Art der Attribution als inneren Monolog zu Gehör bringen. Die anderen
prüfen, ob dieser Teilnehmer die Aufgabe richtig gelöst hat.

- **Jeder Teilnehmer erinnert sich an eine persönlich wichtige Leistungssituation aus der eigenen Biografie, in der es zu einem Erfolg oder Misserfolg kam:** Der Reihe nach tragen die Teilnehmer ihre Attributionen vor, die
ihnen damals durch den Kopf gegangen sind. Sie werden dann in das Klas-
sifikationsschema eingeordnet. Das kann sich statt im Plenum auch in
Dreier- oder Viergruppen abspielen. Wenn sich die Gruppe einmal nicht
einigen kann, welche Art der Attribution vorliegt, bringt sie ihr Problem
anschließend ins Plenum mit.

- **Je zwei Teilnehmer interviewen einander, inwieweit sie einen bestimmten Attributionsstil bevorzugen:** Sie sprechen über die Vor- und Nachteile
und machen sich Gedanken darüber, wie es zu diesem Stil kommen konnte. Die Ergebnisse können dann im Plenum vorgetragen werden.

- **Erste Variante zum Paarinterview:** Jeder überlegt sich in Einzelarbeit, welcher Stil am ehesten zu ihm oder ihr passt, ob er oder sie in Leistungssitua-
tionen eher der Attributionstyp »misserfolgsorientiert« oder »erfolgsorien-
tiert« ist. Danach werden Zweierpaare für die Interviews mit möglichst
unterschiedlichen Stilen zusammengestellt. Vorteile: Die Unterschiede werden deutlich und man kann vom anderen erfahren, was anders wäre, wenn
man seinen Stil ändern würde.

- **Zweite Variante zum Paarinterview:** Jeder entwickelt eine Alternative zum
eigenen Attributionsstil. Was wäre anders? Wie ginge es mir damit? Will ich
etwas ändern? Was könnte mir dabei helfen? Was hindert mich daran? Was
nehme ich mir vor?

- **Die Teilnehmer inszenieren ein Streitgespräch zwischen einem typi-
schen »Misserfolgsorientierten« und einem »Erfolgsorientierten«:** Jeder
plädiert für seinen Stil. Dazu bereiten sich zwei Gruppen vor und entsen-
den je einen Teilnehmer in das Gespräch.

- **Die Lernenden versetzen sich in die Rolle von Beratern, die ein Programm für ausgeprägt »misserfolgsorientierte« Arbeitslose oder Schul-
versager entwickeln sollen:** Was könnte man tun? Was sollte man vermeiden? Wie könnte man einen Erfolg der Maßnahme überprüfen und sichern?

In diesen Varianten sind die Lernenden aktiv, sie finden lebensnahe Situationen vor, es entsteht Betroffenheit, die Aufgaben sind herausfordernd, es
kommt zu Kommunikation, Austausch und Diskussion. Manche Teilnehmer
haben anderen beim Verstehen geholfen, andere wiederum haben von anderen

Anregungen bekommen. Wenn mehrere dieser methodischen Ideen umgesetzt wurden, ist auch die **Multiperspektivität** gegeben, die so wichtig für flexibles Wissen ist. Wenn ich beispielsweise Äußerungen klassifizieren soll, dann über mich selbst nachdenke, einmal in die Rolle eines Beraters schlüpfe, dann ein Interview führe, rege ich mein Gehirn immer aufs Neue an, die Wissensbausteine zu kombinieren. So entdecke ich, was mir noch fehlt. Ich stricke mein Wissensnetz immer dichter und reichere es mit authentischen Erfahrungen und Erlebnissen an.

Schritt 4: Erfahrungen auswerten

Nach der Reise

Von der Reise nimmt jeder Tourist etwas anderes mit. Jeder hält auf seine Weise fest, was er erlebt und gelernt hat. Man kann Dias sortieren und sein Reisetagebuch lesen, man kann anderen von der Reise erzählen oder Leute beraten, die auch in dieses Gebiet reisen wollen. Man kann sich weiter informieren und die nächste Reise in dieses Gebiet vorbereiten.

Die Auswertung ist eine individuelle Angelegenheit. Es ist Sache jedes einzelnen Lernenden, ob er oder sie den Stoff nun verstanden hat oder nicht, das Gelernte anwenden wird oder nicht, Appetit auf mehr bekommen hat oder nicht. Doch die üblichen Wissenstests zielen nicht auf das Individuelle, sondern auf eine Norm. Zum einen auf die Norm eines verlangten Standards (immer wenn es um Zertifikate geht, zum Beispiel beim Zeugnis, bei Examina, bei der Führerscheinprüfung), zum anderen auf die Norm des sozialen Vergleichs (Wo liegt der Durchschnitt?). Die pädagogische Herausforderung ist jedoch: Wie kann der einzelne Lernende seine Erfahrungen nach einem Lernabschnitt für sich persönlich fruchtbar machen?

Einige Ideen zum Beispiel »Kausalattribution« (im Anschluss an die Schritte 2 und 3, siehe oben):

● **Kartenabfrage:** Jeder Teilnehmer kann Karten zum Thema »Was fehlt mir noch?« schreiben und an eine Fragepinnwand anheften. Die Karten werden dann gemeinsam – Lehrender und die anderen Lernenden – beantwortet.

Beispiele für das Auswerten von Lernerfahrungen

- **Blitzlicht:** Reihum sagt jeder kurz etwas zu einem vom Lehrenden vorgegebenen Impuls wie »Was hat mir die Beschäftigung mit dem Thema gebracht?«, »Was sehe ich jetzt anders als vorher?«, »Was will ich nicht vergessen?«
- **Die Teilnehmer visualisieren,** wie sicher sie sich nun im Thema fühlen, wie gut sie es verstanden haben.
  - *Variante 1:* Man zeichnet eine Achse auf einen Flipchartbogen oder eine Pinnwand (linker Pol »Ich habe bis jetzt nichts verstanden.«, rechter Pol »Ich habe jetzt alles verstanden.«). Jeder Teilnehmer klebt dann einen Punkt dort auf die Achse, wie es seinem Verständnis entspricht. Man kann die Achse auch auf die Tafel zeichnen, dann macht jeder Teilnehmer ein Kreuz dorthin, wo er sich einstuft.
  - *Variante 2:* Man stellt sich die Achse auf dem Boden vor. Jeder Teilnehmer stellt sich dann so hin, wie es seinem Verstehensgrad entspricht.
  Im zweiten Fall sieht man, wo die Personen stehen und kann mit ihnen darüber sprechen.
- **Schriftlich festhalten:** Jeder Teilnehmer macht ein Poster (Flipchartbogen), auf dem er oder sie alles festhält, was ihm aus der Lerneinheit wichtig ist. Man kann schreiben, zeichnen, ein Mindmap erstellen, Merksätze dichten usw.
- **Transfer:** Jeder überlegt sich Situationen in seinem Alltag, in denen er das Gelernte umsetzen könnte. Oder er entwickelt einen konkreten persönlichen Vorsatz aus der Beschäftigung mit dem Thema.

Noch einmal: Auswerten ist ein Thema für Einzelarbeit. Doch die individuellen Ergebnisse dieser und anderer Auswertungsmethoden können mit Gewinn ins Plenum gebracht werden. Poster kann man aufhängen und besichtigen, Vorsätze kann man den anderen mitteilen. Blitzlicht und »Verstehensbarometer« sind ohnehin schon öffentliche Methoden.

Was Tests nicht können   Bei den genannten Methoden habe ich keinen Test erwähnt. Stattdessen wird jeder einzelne Teilnehmer angeregt, sein geknüpftes Wissensnetz zu durchwandern, Verstehenslücken mitzuteilen, die persönliche Bedeutung des Erlernten zu reflektieren und über dessen Verwertung im eigenen Leben nachzudenken. Die Methoden in Schritt 3 sind übrigens auch so angelegt, dass die Lernenden dabei immer wieder ihr Wissen überprüfen und verfeinern. Solche »Selbstüberprüfungen« erfolgen in der Lernarbeit, und dies ist auch der richtige Ort und Zeitpunkt dafür. Abschlusstests sind etwas für die Akten, nicht für das Lernen und Verstehen.

»Dazu habe ich keine Zeit!«

Das Grundmuster für das Erklären braucht Zeit, wie die konstruktivistische Didaktik Zeit braucht. Denn Verstehen benötigt generell Zeit. Nach meinem Kollegen Karlheinz A. Geißler (Held/Geißler 2000) haben nicht nur die Liebe, sondern auch das Lernen und Verstehen eine »Eigenzeit«. Bei dem Einen dauert es kürzer, bei dem anderen länger, bis der Knoten platzt. Bildungsberufler sind jedoch ungeduldig. In den organisierten und normierten Lernformen von Schule und Kursen stehen sie unter Zeitdruck und meinen: »Das dauert mir zu lange. Es geht auch schneller.« Zugegeben, erklären geht auch zügiger. Auch reisen kann man rasanter. Doch die Frage ist nicht, ob man schneller erklären oder schneller reisen kann, sondern ob man etwas fixer verstehen oder ein Land möglichst rasch kennen lernen kann. Lehrer, Kursleiter oder Trainer, die ihre Teilnehmer im Schnellschritt durch den Stoff hetzen, müssen damit leben, dass viele danach nur Schnappschüsse im Kopf haben, Wissenssplitter, unverarbeitetes Material. Es wurde kein dichtes Wissensnetz geknüpft, kein flexibles Wissen konstruiert. Stattdessen liegen die Fäden, die der Lehrende zum Knüpfen ausgegeben hat, ungeordnet herum, vielleicht sind einige Knoten und Verbindungen entstanden, aber andere Fäden hängen lose und führen nirgendwo hin. Wenn man diese Lernenden befragt, können sie Fäden benennen. Doch die Konstruktion eines Netzes ist fehlgeschlagen. Zum richtigen Verstehen ist es nicht gekommen. Damit nicht genug. Weil das Netz nicht geknüpft wurde, kann es auch nicht für das Verstehen anderer Themen genutzt werden. Vorwissen ist aber nach allen Forschungen die wichtigste Variable zur Vorhersage dazu, wie gut jemand Neues versteht und erlernt.

Schnappschüsse und Wissenssplitter

»Das dauert mir zu lange. Das geht auch schneller.« – Diese Entscheidung dürfen nicht die Lehrenden für die Lernenden treffen. Die Lernenden sind es, die ihre Wissensnetze bauen müssen und sie sind es, die mit diesem Wissen das Leben meistern sollen. Erst wenn die Teilnehmer sicher sind »Jetzt habe ich verstanden!«, ist es Zeit abzuschließen.

Aus der Lernforschung weiß man: Wird für alle Lernenden die Lernzeit normiert (wie in Schule, in Kursen und Seminaren), dann gibt es am Ende große Wissensunterschiede zwischen den Lernern. Lässt man die Lernzeit variabel (wie zum Beispiel beim computerbasierten Einzellernen), dann stehen alle Lernenden danach auf einem einheitlichen Niveau. Die Erklärung ist einfach: Im zweiten Fall kann jeder mit Hilfe des Lernmaterials so lange Wissen konstruieren, wie er es für angemessen hält. Die »guten« Lerner kommen auch mit der normierten Lernzeit zurecht; aber die »schlechten« Lerner bleiben auf der Strecke. Viele würden es aber schaffen, wenn man ihnen mehr Zeit ließe.

Erklären je nach Situation und Thema variieren

Die konstruktivistischen Methoden lassen sich am besten in kleinen Gruppen anwenden oder in der Situation eines Einzellerners mit einem Lehrenden. Hier kann man auf die Unterschiede zwischen den Lernenden eingehen, Selbststeuerung ermöglichen und miteinander kommunizieren. In großen Gruppen, wie in den Lernfabriken Schule und Universität können konstruktivistische Prinzipien weniger zum Zuge kommen. Noch stärker eingeschränkt sind die Möglichkeiten beim schriftlichen Erklären, also in Lerntexten, wo der Autor den einzelnen Lerner nicht sieht und nicht mit ihm sprechen kann.

Für die Erklärungssituation macht es auch einen Unterschied, ob der Lernende zu Ihnen kommt und etwas verstehen will oder ob Sie nach Plan ein bestimmtes Wissen vermitteln sollen, also bei Ihnen die Initiative für Erklärungen liegt. Im ersten Fall können Sie davon ausgehen, dass der Lernende ein Bedürfnis hat zu verstehen. Im zweiten Fall, dem Regelfall in Unterricht, Kurs und Seminar, wissen die Teilnehmer zwar, dass sie den Stoff verstehen müssen, aber gerade dieses »Müssen« löst oft Widerstände aus (»Brauche ich das wirklich?«). Manchmal ist es auch einfach zu viel und die Gehirne wollen oder können nichts mehr aufnehmen und verarbeiten.

Einen Unterschied beim Erklären macht es schließlich auch, was erklärt werden soll. Soll Wissen über Fakten, Theorien und andere kognitive Inhalte erworben werden oder Wissen über Bewegungsabläufe, Handlungsweisen, Verhalten, also Wissen, mit dem die Motorik gesteuert wird? Zwar ist die Leistung des Gehirns bei allen Inhalten die gleiche: Es muss aus Informationen, Vorwissen und Schlussfolgerungen eine neue, dauerhafte Wissensstruktur herstellen. Auch die konstruktivistischen Methoden lassen sich sowohl bei kognitiven wie bei motorischen Inhalten anwenden. Doch Sie als Lehrender müssen jeweils andere Tätigkeiten ausführen.

All diese Merkmale der Erklärungssituation färben das Grundmuster des Erklärens unterschiedlich. Dazu nun einige Stichworte und Beispiele.

Erklären bei einem einzigen Lernenden

Das ist wie das Reisen eines Privatführers mit einem einzelnen Touristen. Die Chance: Sie können sich optimal auf den Lernenden einstellen. Ihre Strategie beim Einzellerner: viel fragen (»Was weiß der Lernende schon?«, »Wozu kann er es in seinem Alltag brauchen?«, »Was denkt er?«, «Was fehlt?«) und mit dem Neuen arbeiten (Aufgaben stellen, weiterdenken lassen, Fehler analysieren).

Schaut man ungeschulten Eltern oder schlechten Nachhilfelehrern bei der Arbeit zu, stellt man leider fest, dass sie vorgehen, als hätten sie nicht einen Lernenden vor sich, sondern hundert. Typische Fehler sind:

Fehler beim Lernen mit nur einem Lernenden

- Der Erklärende monologisiert. Richtig wäre: So viel wie möglich den Lernenden reden und denken lassen.
- Wenn der Lernende etwas nicht versteht, setzt man zu einem erneuten Erklärungsmonolog an. Richtig wäre: Den Lernenden laut denken lassen. Dann weiß man, was er schon konstruiert hat und was aktuell fehlt.
- Nach dem Erklären gibt man dem Lernenden eine zu komplexe Aufgabe. Richtig wäre: Den Lernenden Schritt für Schritt schon beim Erklären einbeziehen. Bei nur einem Lernenden bietet es sich an, die Schritte 2 »Landkarte« und 3 »Reisen« (siehe oben) miteinander zu verbinden. Am Beispiel »Kausalattribution«: Man beginnt mit einem authentischen Beispiel aus der Biografie des Lernenden (»Wann hast du einmal eine Leistungssituation erlebt, die dir sehr wichtig war?«, »Kam es zu Erfolg oder Misserfolg?«, »Wie hast du ihn für dich erklärt?«, »Wie ging es dir dabei?«). Auf dieses Beispiel wendet man dann Schritt für Schritt die Theorie der Kausalattribution an.

Besonders effektiv in der Situation mit einem Einzellerner ist die **Technik des lauten Denkens**. Der Lernende beschreibt wie ein Reporter, was gerade in seinem Kopf vor sich geht. Mit dieser Methode können Sie den Konstruktionsprozess des Lernenden mitverfolgen. Der Effekt für den Lernenden: Sein Tun wird ihm bewusst und der Denkprozess wird verlangsamt, methodischer. Das laute Denken ist zuerst ungewohnt. Die Lerner klagen, es störe beim Denken, wenn sie gleichzeitig darüber berichten sollen. In diesem Falle warten Sie immer ein paar Minuten und lassen sich danach die abgelaufene Verstehensarbeit im Rückblick erzählen. Das ist in der psychologischen Fachsprache »nachträgliches lautes Denken«. Mit zunehmender Vertrautheit gelingt das laute Denken aber immer besser.

Lautes Denken

Für Widerstände gegen das laute Denken gibt es neben der Störung des Denkens noch einen anderen Grund: der Lernende will sich nicht in die Karten sehen lassen, weil er befürchtet, es könne offenbar werden, wie ungeschickter vorgeht, wie wenig er weiß, wie schwer er sich tut beim Knüpfen seines Wissensnetzes. Er will perfekt sein und sich nicht blamieren. Wir stoßen hier wieder auf die Gefährdung des Selbstwertgefühls beim Lernen und Verstehen. Die so motivierte Scheu vor dem lauten Denken ist verständlich. Sie löst sich nur auf, wenn es Ihnen gelingt, Vertrauen herzustellen. Wenn Sie erreichen können, dass der Lernende das laute Denken wenigstens einmal aus-probiert, haben Sie die Chance, ihm zu zeigen, dass es sich für beide lohnt.

Doch auch Sie als Erklärender können öfter laut denken. Das können Gedanken zur aktuellen Lernarbeit sein. Wieder am Beispiel »Attribution«: »*Ich sehe, dass es dir schwer fällt, variable und stabile Ursachen auseinander zu halten. Ich frage mich, was dir helfen könnte. Sollen wir noch einmal Beispiele suchen?*« Laut denken können Sie auch, wenn Sie dem Lernenden beschreiben, wie Sie selbst gelernt haben, was Ihnen geholfen hat, wie Sie die Aufgabe angepackt hätten. Eine konstruktivistische Methode, das »cognitive apprenticeship«, beruht darauf. Als »Meister«, als der oder die Erfahrenere lassen Sie sich vom »Lehrling« (apprentice) zuschauen, indem Sie laut denken.

Der Dialog zwischen zwei laut Denkenden beim Verstehen wird jedoch nur fruchtbar, wenn wieder einmal die innere Haltung stimmt (siehe dazu auch »Zum Umgang mit Antworten«, S. 29). Der Lehrende muss die lauten Gedanken des Lernenden akzeptieren, froh darüber sein, dass er sie erfahren darf. Jedes spontane »Ach du meine Güte. Jetzt wird mir klar, dass du ja gar nichts begriffen hast!« wird diese Informationsquelle sofort und für immer verschließen. Ebenso falsch wäre es, als Lehrender die eigenen Gedanken dem Lernenden als verkappte Vorschriften zu präsentieren im Sinne von »So wie ich denke sollst du auch denken.« Gut ist es stattdessen, den Lernenden anzuregen, diese Gedanken auf die Probe zu stellen: »Was spricht für mein Vorgehen, für meine Gedanken? Was spricht dagegen? Hast du eine andere Idee?«

Fazit: Einem einzigen Lerner beim Verstehen helfen zu dürfen, ist eine privilegierte pädagogische Situation. Es wäre eine Sünde, diese Privilegien nicht voll auszuschöpfen.

Erklären bei mehreren Lernenden

Das Grundmodell des Erklärens (s. S. 39) habe ich für die Situation mit mehreren Lernenden beschrieben. Ein Zusammenbinden der Schritte 2 und 3, wie soeben beim Einzellerner geschildert, empfiehlt sich hier nicht, weil die individuellen Unterschiede bei mehreren Teilnehmern nicht mehr den Raum bekommen können, wie sie es verdienen. Die pädagogische Standardmethode des Lehrgesprächs versucht diese Quadratur des Kreises.

Die Erklärende würde beim Lehrgespräch zum Beispiel in die Runde fragen: »Wann hat jemand einmal eine Leistungssituation erlebt, die ihm sehr wichtig war?« Wenn sich jemand meldet, fährt sie fort: »Erzählen Sie einmal, kam es zu Erfolg oder Misserfolg?«, »Wie haben Sie ihn für sich erklärt?« usw. Oder die Leiterin würde selbst ein fiktives Beispiel einbringen und dann die Erklärungen in einer Mischung aus Information und Fragen mit den Teilnehmern »gemeinsam erarbeiten«.

Ich habe in meinen Train-the-Trainer-Seminaren und bei Hospitationen schon zu viele schlechte Lehrgespräche erlebt, um von diesem Vorgehen überzeugt zu sein. Immer wenn individuelle Gedanken oder Wünsche eines Teilnehmers zur Sprache kommen, droht die Marschlinie des Lehrenden in Gefahr zu geraten. Und entsprechend agiert dieser dann meistens auch. Da biegt man eine Äußerung zurecht, die einem nicht ins Konzept passt; man wiederholt beharrlich eine Frage, bis endlich das richtige Stichwort kommt; man stellt Suggestivfragen, in denen nicht einmal mehr eine homöopathische Dosis von Neugier enthalten ist. Und die Lernenden lernen bei dieser Methode, wie langweilig es ist, wenn jemand fragt, der die richtige Antwort schon kennt. »Gemeinsam erarbeiten«, »Lehr-Gespräch«, das ist oft nur eine pädagogische Mogelpackung.

Lehrgespräch: eine Methode mit Schwächen

Statt des Lehrgesprächs plädiere ich deshalb bei Lerngruppen für das oben beschriebene Grundmodell des Erklärens: in Schritt 2 präsentiert der Erklärende mit professioneller Klarheit die »Landkarte«, danach folgt eine fantasievolle und produktive Phase 3. Einige Beispiele für Gruppen bis etwa 20 Teilnehmer habe ich ja oben im Abschnitt »Grundmodell« beschrieben (S. 43f.). Wichtig ist, dass die Kleingruppen oder Lerntandems in Phase 3 wissen: Jetzt sind wir gefordert, das ist jetzt unser Job. Die Erklärende ist Standby, auf Abruf bereit. Und sie organisiert danach die Auswertung.

Bei sehr großen Gruppen sind diese Methoden prinzipiell auch möglich, vorausgesetzt, es gibt genug Räume und Materialien. Das Problem ist die Auswertung, die wegen der vielen Ergebnisse Zeit kostet. Ein empfehlenswertes Verfahren, das bei großen Gruppen Aktivität und Kommunikation ermöglicht und keine organisatorischen Probleme mit sich bringt, ist die **Murmelgruppenmethode**. Je zwei bis drei Teilnehmer, die nebeneinander sitzen, bearbeiten in der Phase 3 des Erklärens Aufgaben von fünf bis zehn Minuten Dauer. Anschließend fragt die Erklärende einige Ergebnisse ab. Wenn sich auf die anschließende Frage »Gibt es außerdem noch Ergebnisse, die von den genannten abweichen und etwas Neues bringen?« niemand mehr meldet, kann die Erklärende ein Fazit ziehen und die nächste Aufgabe einleiten oder ein neues Thema beginnen.

Empfehlenswert: Murmelgruppen

Das Erklären von Bewegungen

Bewegungen kann man durch Zuschauen oder durch Anweisungen erlernen. Das Gehirn muss es dann schaffen, aus den visuellen Eindrücken und aus den verbalen Erklärungen ein Bewegungswissen zu konstruieren. Beide Lernwege haben Vorzüge und Schwächen. Beim Lernen durch Beobachten sieht man die Bewegung im Ganzen. Man erkennt die »Bewegungsgestalt«. Nachteil ist, dass man als Anfänger bei komplexeren Bewegungen nicht weiß, worauf man achten muss, was wichtig und unwichtig ist. Hier hilft die Sprache. Mit ihr kann ein Trainer die Bewegung analysieren (»Siehst du, wie ich in die Knie gehe?«) und begründen (»Nur wenn ich in die Knie gehe, kann ich die Bodenwellen abfedern«). Mit seiner Sprache hat er einen Scheinwerfer in der Hand, den er auf das eine oder andere Merkmal der Bewegung richten kann. Aber mit Sprache allein ist es beinahe unmöglich, eine Bewegung so zu beschreiben, dass ein Lernender sie sich richtig vorstellen und ausführen kann.

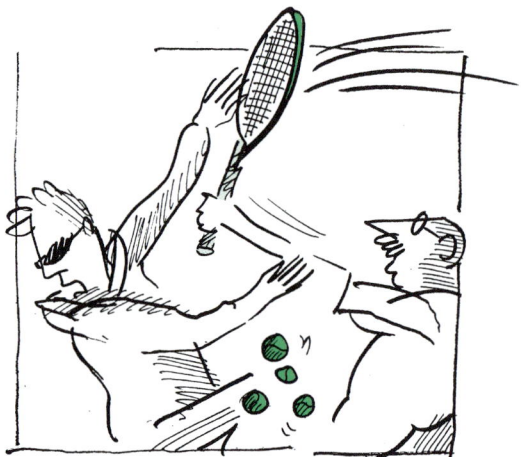

Der Normalfall ist deshalb, dass beim Bewegungslernen im Sport oder im Handwerk der Experte die Bewegung vormacht und sie zusätzlich erklärt. Das oben geschilderte Grundmodell des Erklärens eignet sich auch für solche Situationen. Die vier Etappen stellen sich dann wie folgt dar:

Etappe 1: Ziel schildern, Nutzen aufzeigen

Beim Erlernen des Tennisaufschlags könnte der Trainer mit der Frage beginnen: »Welchen Aufschlag hätten Sie gerne?« Wenn der Lernende sagt »Der Ball soll da landen, wo ich ihn hinhaben möchte. Und da soll Dampf dahinter sein« kann der Trainer daraus eine **Vision**, eine lebhafte innere Vorstellung erzeugen, die dem Lernenden als Ziel vor Augen steht: »Stellen Sie sich einmal lebhaft vor, Sie würden einen Aufschlag machen, der so perfekt ist, wie Sie es gerne hätten. Wie geht es Ihnen dabei?« Wenn der Lernende sagt »Super. Tolles Gefühl«, sagt der Trainer: »Da wollen wir hin. Wir werden alles tun, damit Sie dieses Gefühl bald erleben.«

Etappe 2: Überblick geben

Jetzt wird die »Landkarte« der Bewegung studiert, das Wichtige erfasst, das notwendige Wissen bereit gestellt. Die Topografie des Tennisaufschlags zeigt zwei Bewegungen, die koordiniert werden müssen: der Ballwurf mit dem einen Arm, der Schlag mit dem anderen. Außerdem gilt es, die Fußstellung und das Durchbiegen des Rückens zu beachten. Zum Besprechen der Bewegungslandkarte gehört es, die **Schlüsselstellen** im Bewegungsablauf hervorzuheben. Beim Ballwurf als Teil des Tennisaufschlags ist die Schlüsselstelle das Loslassen des Balles, damit er senkrecht hochsteigt. Bei der Schlagbewegung gibt es zwei Schlüsselstellen: zum einen der Endpunkt des Ausholens, zum anderen das Treffen des Balls an der höchsten Stelle. Es genügt, wenn der Lernende sich auf diese Schlüsselstellen konzentriert. Die dazwischen liegenden Bewegungsphasen laufen dann von alleine ab.

Jede Bewegung hat Schlüsselstellen

Aus diesem gemeinsamen Studieren der Landkarte der Bewegung entwickelt sich eine »Bewegungsaufgabe«. Der Lernende nimmt sich vor, beim Ballwurf den Arm gestreckt hoch zu führen und den Ball an einem bestimmten Punkt loszulassen. Oder bei der Ausholbewegung den Schläger im Rücken senkrecht nach unten fallen zu lassen, bevor er zuschlägt.

Wenn man eine Bewegungsgestalt erlernt, helfen Vergleiche mit Bewegungen, die man schon kennt. Mein Tennislehrer sagte mir zur Schlagbewegung beim Aufschlag: »Stell dir vor, du würdest den Schläger mit Schwung weit wegwerfen, dorthin, wo der Ball hinfliegen soll.« Er erinnerte mein Gehirn an eine »Bewegungsgestalt«, die ich gut kannte, das Wegwerfen. An dieses bekannte Bewegungsschema wurde das neue angedockt.

Das Erklären von Bewegungen mit **Analogien, Metaphern, inneren Bildern** unterstützt und entlastet das Gehirn, wenn es eine neue Bewegung in mentale Vorstellungen codieren und abspeichern muss. Im Buch »Lehren von Bewegungen« von Volger (1990) finden sich einprägsame Beispiele dafür. Damit man beim Ski fahren die Skier zusammenhält soll man sich vorstellen, die Ski-schuhe seien »sich küssende Königskinder, die man nicht trennen darf«. Beim Tiefentlasten soll man sich vorstellen, man müsse sich schnell hinter einer Mauer verstecken. Beim Hochentlasten tut man so, als wolle man mit dem Fahrrad eine hohe Gehsteigkante überwinden. Die Kippwende beim Rücken-schwimmen veranschaulicht Volger so: »Stelle dir vor, du liegst auf einem riesigen Schallplattenteller, dem du mit einer Hand einen kräftigen Drehschwung geben sollst. Pass auf, dass du deine Füße über den Tonabnehmer schleuderst. Sonst gibt es ein hässliches Geräusch und deine gute Schallplatte bekommt einen bösen Kratzer.« Solche Analogien und Vergleiche erzeugen Kopfkino (siehe dazu auch das Kapitel »Vortragen«). Sie vereinen gleich mehrere wertvolle Vorzüge für das Erlernen:

Kopfkino beim Bewegungslernen

- Sie geben der Bewegung eine »Gestalt« und machen sie ganzheitlich erfass-bar.
- Sie verbinden sich mit lebhaften Vorstellungen und Gefühlen.
- Sie prägen sich ein, wirken als »Anker« gegen das Vergessen. (Dies umso mehr, je ausgefallener, überraschender sie sind, wie zum Beispiel die Analogie zur Kippwende.)

Die Bewegung wird durch die bildhafte Sprache innerlich geschaut. Volger (1990) spricht von »Seh-Fühlen«. Um diese Erfahrung beim Lernenden entstehen zu lassen, braucht der Trainer oder Handwerksmeister eine »Spür-Sprache«. Er muss Worte finden, die dem Lernenden vermitteln, wie sich die Bewegung anfühlt.

Unverständlich, dass es Didaktiker gibt, die diese gehirnfreundliche Erklärungsstrategie geradezu verteufeln. So hebt Hildenbrandt (1974, S. 154) den Zeigefinger und warnt jeden Sportpädagogen davor, »mit seiner Sprache auf eine metaphorische Ebene abzugleiten«. Dass dieser Autor für seine Warnung vor Metaphern selbst eine derart missglückte Metaphorik benutzt (auf eine Ebene abgleiten, Metaphern als Ebene, Sprache gleitet ab) lässt vermuten, dass er sich vom Leibe halten will, was er nicht kann, nämlich anschaulich zu sprechen und treffende Metaphern und Analogien zu finden. Sie sollten sich davon nicht verunsichern lassen. Die Gehirne Ihrer Lernenden lieben **Kopfkino**, auch beim Bewegungslernen.

Etappe 3: Erfahrungen machen

Nach den ersten beiden Etappen ist der Lernende arbeitsfähig. Jetzt kann er seine **Bewegungsaufgabe** angehen. Vieles spricht dafür, ihn gleich die ganze Bewegung – anfangs so langsam wie möglich – ausführen zu lassen. So wird sie ganzheitlich erfahren und abgespeichert. Während der Bewegungsausführung sollte sich der Lehrende nicht einmischen. Das würde die Konzentration stören. Erst wenn die Bewegung ein paar Mal ausgeführt wurde, ist Zeit für die Auswertung.

Die Bewegung ausführen

Etappe 4: Auswerten

Der Lernende sollte seine Erfahrung als Erster auswerten. Sie hören aufmerksam zu und fragen interessiert nach: »Lass die Bewegung noch einmal innerlich ablaufen. Ist dir etwas aufgefallen? Ist es anders gewesen als du erwartet hast?«, »Was hast du bei der Bewegung gespürt? Wo hattest du das Gefühl, dass es so stimmt, wo nicht?«, »Was willst du anders machen?«, »Wo bist du noch unsicher?«, »Was könnte dir helfen?«, »Wie willst du weiter machen?«.

Bei Bewegungen ist die Selbstwahrnehmung eingeschränkt. Der Lerner hat keine inneren Augen dafür, wie sein Aufschlag ausgesehen hat. Dazu braucht er das **Feedback** durch den Trainer oder die Aufzeichnung der Bewegung mit einer Videokamera. (Wie man Rückmeldungen am besten formuliert, können Sie im Kapitel »Feedback« nachlesen.)

Jetzt ist auch der richtige Zeitpunkt, um dem Lernenden die eine oder andere **Bewegungserklärung** zu geben. »Wenn du die Hand mit dem Ball nicht ganz gerade nach oben führst, bekommt der Ball beim Loslassen einen Drall oder er macht einen Bogen. Dann kannst du nicht sicher sein, wo er hinfliegt und hast Probleme, ihn voll zu treffen.« In der zweiten Phase wären solche Erklärungen noch zu früh. Der Lernende soll ja zuerst eine ganzheitliche, runde Bewegungsvorstellung entwickeln. Das ist schwierig genug.

Die Bewegung erklären

Nach der Auswertung wird eine Bewegungsaufgabe für die nächste Runde vereinbart. Der Lernende hat sich dafür etwas vorgenommen. Er weiß genau, was zu tun ist, um seiner Vision vom perfekten Aufschlag wieder einen Schritt näher zu kommen.

Helfen Sie beim Erklären dem Arbeitsspeicher!

Die Schwachstelle in unserem Gehirn

Neues aufnehmen und verstehen, aus Informationen ein Wissensnetz knüpfen ist harte Arbeit für das Gehirn. Deshalb sollten Sie alles tun, um es dem Gehirn des Lerners leichter zu machen. Entlasten können Sie vor allem den Arbeitsspeicher. Mit »Arbeitsspeicher« beschreiben die Psychologen, was man gerade im Bewusstsein hat. Dieser Arbeitsspeicher ist jedoch eine Schwachstelle. Nur eine Hand voll Informationseinheiten können wir gleichzeitig im Bewusstsein halten und verarbeiten. Wenn nun beim Erklären eine Reihe neuer Informationen und Begriffe auf uns einströmen, ist der Arbeitsspeicher im Nu voll. Diese Gefahr ist besonders groß, wenn man zuhört, während jemand etwas erklärt. Dann ziehen die Worte wie auf einem Fließband vorbei, in einem Tempo, das der Lernende nicht beeinflussen kann. Wie ein Akkordarbeiter muss das Gehirn diese Worte verarbeiten. Gelingt das einmal nicht, kommt man aus dem Takt. Man grübelt vielleicht ein paar Sekunden über etwas nach und schon verpasst man die Worte, die währenddessen gesprochen werden. Dann steigt man wieder ein, bemerkt aber, dass einem ein wichtiger Teil fehlt.

Lesen ist einfacher als Zuhören

Beim Lesen kann ich das Tempo steuern. Ich kann eine Passage mehrmals lesen, wenn ich sie nicht verstehe. Oder ich blättere einige Seiten zurück, wenn ich eine Information vergessen habe. Die Schrift ist im Gegensatz zum gesprochenen Wort ein dauerhafter **Ersatzspeicher** für mein Gehirn. Während des Verstehens entlastet dieser Ersatzspeicher meinen Arbeitsspeicher davon, sich alles merken zu müssen. Diese Tatsache machen sich professionelle Erklärer zu Nutzen. Wenn sie etwas mündlich erklären, legen sie zur Entlastung der Lernenden sichtbare, nicht-flüchtige Ersatzspeicher an.

- Sie schreiben wichtige Begriffe an.
- Sie zeichnen.
- Sie arbeiten mit visuellen Symbolen (Einrahmungen, Pfeile, Hervorhebungen und Ähnliches).
- Sie regen die Lernenden an, sich ebenso Ersatzspeicher anzufertigen.

Erfahrene Trainer und Referenten haben beim Erklären immer ein Schreibgerät und eine Schreibfläche zur Hand: Kreide, Filzstifte, Wachsmalkreide, Kugelschreiber und Bleistift für Tafel, Flipchart, Whiteboard, Papier. Es folgen jetzt einige Tipps für das Anschreiben und Zeichnen.

Anschreiben

Schreiben Sie während des Erklärens nur so viel an, wie die Lerner auf einen Blick erfassen können, also Stichworte oder nur kurze Sätze. Die Stichworte sollen für das Gehirn der Lernenden wie Markierungstafeln sein, die signalisieren »Unbedingt beachten!«. Wie bei Markierungstafeln ist auch hier die Lesbarkeit wichtig. Profis benutzen eine gut lesbare Einheitsschrift (siehe Abbildung), die speziell für das Beschreiben von Flipchart und Pinnwand mit Filzschreibern entwickelt wurde. Erlernen Sie diese Schrift Ihren Schülern und Teilnehmern zuliebe. Diese können Ihre Aufzeichnungen dann auch aus größerer Entfernung lesen. (Mindestgröße der Großbuchstaben: 5 cm.)

ABCDEFGHIJKLMNOP
QRSTUVWXYZ
abcdefghijklmnop
qrstuvwxyz
1234567890

Lesbare Buchstaben für das Anschreiben (eine Diskette mit dieser Schrift kann bei der Firma Neuland bezogen werden)

Schreiben Sie die Stichworte immer mit Schwarz. Schwarze Schrift auf weißem Grund ist besonders gut lesbar. Profis arbeiten stets mit einer zusätzlichen Farbe zum Einrahmen, Unterstreichen, für Pfeile und andere Markierungen innerhalb der Anschrift. Farben eignen sich auch gut für Skizzen.

Zeichnen

Zeichnungen sind für den Lernenden mehr als ein Ersatzspeicher. Sie bieten dem Gehirn den Sachverhalt nämlich noch in einer zweiten, nichtverbalen Codierungsform. Wenn man etwas mit Hilfe der Sprache erklärt und zusätzlich eine Skizze präsentiert, wird das Gehirn den Inhalt auch doppelt codieren (verbal und bildhaft). Viele empirische Studien (zum Beispiel des kanadischen Forschers Paivio) bestätigen, dass eine solche Doppelcodierung das Erinnern verbessert. Jeder Typ von Zeichnungen hat seine Vorteile:

Warum unser Gehirn Zeichnungen mag

- **Abbildungen** (von Personen, Gegenständen, Situationen, Geräten usw.) helfen dem Gehirn, das Gesagte zu konkretisieren. Sie sind hilfreich, wenn die Teilnehmer sich schwer tun, sich etwas vorzustellen oder das Erklärte auf den Alltag zu beziehen.
- **Diagramme** veranschaulichen Zahlen. Ihr Charme liegt darin, dass sie unhandliche Zahlenmengen auf einen Blick erfassbar machen (zum Beispiel ein Kreisdiagramm Prozentzahlen, ein Liniendiagramm Verläufe, ein Säulendiagramm Vergleiche).
- **Strukturdiagramme** zeigen Beziehungen auf, machen einen komplexen Zusammenhang übersichtlich. Beispiele: Ablaufdiagramm, Flussdiagramm, Mindmap, Schaltkreis, Wetterkarte.

Alle diese Typen von Visualisierungen können sowohl amateurhaft mit wenigen Strichen als auch professionell, zum Beispiel mit einer Präsentationssoftware, erstellt werden.

Viele Lehrer und Trainer scheuen sich vor dem Zeichnen und Skizzieren. Doch auch eine amateurhafte Zeichnung hilft den Lernenden als Veranschaulichung und Erinnerungsanker. Besonders groß ist die Abwehr »Ich kann nicht zeichnen!« beim Skizzieren von Personen, das man bei Erklärungen häufig brauchen könnte. Die Abbildungen zeigen für diesen Zweck zwei Schemata, die kinderleicht zu erlernen sind.

*Zwei einfache
Schemata,
um Personen
zu skizzieren*

(Aus: Weidenmann: 100 Tipps & Tricks für Pinnwand und Flipchart)

Tipps zum Üben

- Erproben Sie das »Grundmuster des Erklärens« für einen komplexeren Sachverhalt in Ihrem Unterricht, Kurs oder Seminar. Wie sind Ihre Erfahrungen?
- Üben Sie mit einem Partner (zum Beispiel mit einem schulpflichtigen Kind), wie das »laute Denken« beim Wissenserwerb klappt. Fragen Sie den Lerner anschließend, wie es ihm mit dieser Methode ging. Was war für den Lernenden und für Sie als Erklärenden unangenehm, was war hilfreich?
- Nutzen Sie jede Gelegenheit, Feedback über Ihr Verhalten beim Erklären zu bekommen. Fragen Sie die Lernenden, wie sie Sie beim Erklären erlebt haben: geduldig oder ungeduldig, neugierig-akzeptierend oder schulmeisterlich-bewertend, fragend oder monologisierend?
- Üben Sie die Normschrift und das Erstellen von einfachen Skizzen.
- Reichern Sie Ihre nächste Erklärung bewusst mit dem Anschreiben von Schlüsselwörtern und mit Visualisierungen an. Sehen Sie sich danach Ihre Anschrift an: Wie steht es mit der Lesbarkeit, der Übersichtlichkeit, der Ästhetik? Was gibt es zu verbessern?
- Achten Sie einmal darauf, wie Sie beim Erklären mit der Zeit umgehen. Registrieren Sie jedes Anzeichen für Ungeduld (den Lernenden unterbrechen; Stopp-Signale wie »Schon gut ...«; Anheben mit einer neuen Erklärung, sobald der Lernende stockt oder etwas Falsches sagt.) Ersetzen Sie die Hektik nach und nach durch angemessenes Verhalten: Dem Lernenden Zeit zum Denken einräumen, ihn ausreden lassen, mit der eigenen Antwort mindestens drei Sekunden warten, Nachfragen, ihn über sein Denken berichten lassen, aufmerksam zuhören, den Lernenden verstehen (Mokassins!).

Kapitel 3: Vortragen

> ### Prüfen Sie, ob »Vortragen« ein Thema für Sie ist.
>
> Welchen Sätzen stimmen Sie zu?
>
> - Wenn man es den Zuhörern leicht macht, vernachlässigt man seine Verantwortung gegenüber der Sache.
> - Es ist verdächtig, wenn ein Fachvortrag unterhaltsam ist.
> - Ich bin jedes Mal überrascht, wie wenig doch in den Köpfen der Lernenden nach einem Vortrag hängen bleibt.
> - Ich mag keine Vorträge. Ich führe nur Lehrgespräche.
>
> Wenn Sie auch nur einer Aussage zustimmen, lohnt es sich weiterzulesen.

Buß- und Bettag oder Weihnachten

Es gibt Lehrvorträge, die erinnern mich an Buß- und Bettag, andere an Weihnachten. Bei den Buß- und Bettagvorträgen »betet« der Lehrer, Referent oder Trainer seinen Vortrag herunter, die Zuhörer büßen vor sich hin. Es geht ernst zu, ermüdend. Schüler sagen »ätzend«. Alle sind erleichtert, wenn es vorbei ist. Wie anders dagegen der Weihnachtsvortrag. Da schwebt der Redner zum Publikum wie der Engel zu den Hirten: »Ich verkündige euch eine frohe Botschaft!« Freude, Staunen, offene Augen, gespitzte Ohren.

Mein Englischlehrer war ein Weihnachtsengel-Pädagoge. Barock. Pädagogischer Eros. Ich sehe ihn auf dem Pult sitzen, wie er mit baumelnden Beinen, sprühenden Spucketröpfchen, rudernden Armen Shakespeare rezitiert und kommentiert. Er war kein begnadeter Rhetoriker. Sein Englisch klang recht deutsch. Aber er genoss es, uns eine frohe Botschaft überbringen zu dürfen. Sie lautete: »Diese Sprache ist herrlich. Ich liebe sie. Kommt und eignet sie euch an. Ihr werdet sie auch lieben.« Ich wette, dieser Lehrer hat sich auf jede Englischstunde gefreut, denn er hatte ja eine frohe Botschaft.

Der Enthusiasmus-Faktor   In der empirischen Lehr-Lern-Forschung wurde der Enthusiasmus-Faktor als ein Merkmal erfolgreicher Lehrer nachgewiesen (Rosenshine 1972). Weihnachtsengel-Pädagogen haben diesen Faktor, Buß- und Bettagsredner nicht. Letztere gleichen den Nachrichtensprechern im Fernsehen. Geschulte Aussprache, professionell redigierte Texte. Doch man hat den Sprechern auferlegt, alles Persönliche peinlichst zu vermeiden. Ihr Berufsethos verlangt keimfreie Neutralität. »Enthusiasmus« wäre deplatziert, das ganze Jahr über, nicht nur zu Buß- und Bettag. Doch den Gehirnen der Zuseher und Zuhörer scheint diese Keimfreiheit schlecht zu bekommen. Die Medienforschung zeigt, dass man sich nach den Fernsehnachrichten im Schnitt nur noch an etwa ein Fünftel der Informationen erinnert. Nur jeder zweite Zuseher hat die zentralen Aussagen überhaupt verstanden (Winterhoff-Spurk 2001, S. 163).

Was hält der Vortragende von seinem Thema?

Schüler oder Kurs- und Seminarteilnehmer haben ein untrügliches Gespür dafür, ob der Vortragende selbst von seiner Sache überzeugt ist oder zweifelt, ob er dahinter steht oder nicht, ob er gerne vorträgt oder sich dazu zwingt, ob er sicher ist oder unsicher, ob ihm die Zuhörer wichtig sind oder nur die Sache. Kommen die Lernenden zu der Diagnose »dieser Vortragende steht nicht dahinter« oder »dieser Redner interessiert sich nicht für mich«, schalten sie ab. Sie bleiben zwar brav auf ihren Stühlen und sehen nach vorne, aber in Gedanken sind sie abgereist.

Vor jedem Vortrag sollten Sie sich die Enthusiasmus-Frage stellen: »Stehe ich dahinter? Freue ich mich darauf, den Zuhörern so etwas Interessantes mitbringen zu können?« Wenn Sie sich nicht sicher sind, gibt es nur Eins: Ändern Sie Ihren Vortrag so lange, bis Sie dieses wohlige Gefühl »Ich freue mich darauf« spüren. Sie werden feststellen, dass dann automatisch auch Ihre Körpersprache stimmt. In den Rhetorikseminaren wird auch das Nonverbale intensiv trainiert: Mit den Zuhörern Blickkontakt halten, aufrecht stehen, die Hände nur in Ausnahmefällen tiefer als zum Gürtel fallen lassen, Mimik entspannen und manchmal lächeln, laut und deutlich sprechen, rhythmisch sprechen, modulieren. Wenn Sie sich auf den Vortrag freuen, wird sich all das ohne Ihr Zutun einstellen. Es gibt eine Geste, die man oft bei Rednern beobachtet, die sich freuen: Sie reiben sich die Hände. Dies ist ein Zeichen dafür, dass sie in der Stimmung des Weihnachtsengels sind.

Enthusiasmus im Sinne von »Ich habe eine frohe Botschaft für euch« ist die Energiequelle eines Vortrags. Doch enthusiastische Pädagogen müssen auf der Hut sein, dass sie nicht des Guten zu viel tun. Ihre Begeisterung für die Sache macht sie anfällig für Fehler: die Lernenden überrollen, zu viel reden, zu viel von sich reden, nicht mehr zuhören, intolerant sein. Die gleichen Fehler kennt man von glühenden Missionaren und Eiferern in anderen Gebieten. Die Begeisterung wird zum Bekehrenwollen. Die Herausforderung für Sie ist es also, einen Enthusiasmus zu praktizieren, der zugleich lernerorientiert ist.

Was hält der Vortragende von seinen Zuhörern?

Wie gehen Sie vor, wenn Sie für jemanden, den Sie schätzen oder gar lieben, ein Geschenk aussuchen? Sie überlegen, was diese Person brauchen könnte, was sie noch nicht besitzt, worüber sie sich freuen wird. Vielleicht fragen Sie dazu noch Nahestehende dieser Person oder den Betroffenen selbst. Kaufen werden Sie dann aber nur etwas, das auch Ihnen gefällt.

Versuchen Sie, Ihre Vorträge ebenfalls als **Geschenk** zu sehen. Denken Sie darüber nach, was Ihre Zuhörer schon kennen und was sie brauchen können, was sie nicht leiden können und worüber sie sich freuen. Vielleicht befragen sie Ihre Zuhörer vorher dazu oder ziehen andere Informationsquellen zu Rate. (Das nennt man dann »Adressatenanalyse«.) Achten Sie bei der Ausarbeitung des Vortrags darauf, dass etwas entsteht, was nicht nur den Zuhörern, sondern auch Ihnen gefällt. So entsteht eine Kombination aus Orientierung an den Zuhörern und aus eigenem Enthusiasmus, eben ein »lernerorientierter Enthusiasmus«.

Die Geschenkmetapher für pädagogisches Vortragen ist noch aus einem anderen Grund erhellend und hilfreich. Wenn Sie sich in der Rolle eines Schenkenden auf Ihren Vortrag vorbereitet haben, werden Sie auch während des Vortrags ganz natürlich Formulierungen verwenden, die den Zuhörern mitteilen: »Das hier ist etwas für euch!«

Für Buß- und Bettagsredner zählt nur die Darstellung der Sache. Weihnachtsredner stellen auch die Sache dar, aber sie machen zusätzlich deutlich, warum diese für die Zuhörer ein Geschenk ist. Sie sprechen auch aus, was das Thema für sie persönlich bedeutet. Wie in den folgenden Beispielen.

Nur Sache	Verbindung von Sache, Zuhörer und Redner
»Hier als Tabelle die Daten zum Zusammenhang von Alter und politischer Einstellung.«	»Wird man mit dem Alter auch konservativer? Die Tabelle gibt Ihnen die Antwort. Sicher sind manche von Ihnen überrascht. Ich war es jedenfalls.«
»Thema heute ist die Biotechnologie. Ein wichtiges Thema und ein umstrittenes. Unter Biotechnologie versteht man ...«	»Können Sie sich vorstellen, 150 Jahre alt zu werden? Mit Organen zu leben, die aus Ihren eigenen Zellen erneuert wurden? Keine Angst vor Krebs haben zu müssen? All das sind Versprechungen der Biotechnologie. Sie ist unser Thema heute. Mich selbst hat dieses Thema so fasziniert und zugleich verunsichert wie kaum ein Thema zuvor.«
»Der Satz des Pythagoras ist eine Methode, um die Fläche eines Dreiecks zu berechnen. Pythagoras war ein Mathematiker, der im antiken Griechenland gelebt hat. Der Satz des Pythagoras lautet $$›a^2 + b^2 = c^2‹.«$$	»Als wir in der Schule den Satz des Pythagoras durchgenommen haben, war er für mich nur eine Formel: $$›a^2 + b^2 = c^2‹.$$ Aber hinter dieser Formel steckt ein Denk-Abenteuer. Man hat sich in der Antike lange den Kopf zerbrochen, wie man die Fläche eines Dreiecks berechnen könnte. Der Mathematiker Pythagoras hat die Lösung für rechtwinklige Dreiecke gefunden. Zum Dank soll er den Göttern 100 Ochsen geopfert haben. Schauen wir ihm bei seiner Erfindung noch einmal zu. Das wird es Ihnen leichter machen, seine Lösung zu verstehen. Ich versuche mal, den Pythagoras zu spielen.«

Links Buß- und Bettag, rechts Weihnachten

Ihr Partner bei einem Vortrag ist das Gehirn des Zuhörers

Wenn Sie vortragen, wissen Sie nie, was die Gehirne Ihrer Zuhörer gerade tun. Sind sie mit Ihren Aussagen beschäftigt und versuchen, aus ihnen eine Wissensstruktur zu konstruieren (siehe Kapitel »Erklären«)? Gelingt es ihnen oder sind sie überfordert? Welche Gehirne sind gerade mit anderen Inhalten beschäftigt? Wie können Sie wieder Kontakt zu ihnen herstellen?

Es ist zu wenig, einen Vortrag lediglich als Übermittlung von Informationen zu sehen. Er ist auch ein **Werben um die Aufmerksamkeit** der Zuhörergehirne. Wenn ein Gehirn sich ausklinkt, sich anderen Inhalten zuwendet, ist die Kommunikation unterbrochen und der Vortrag nutzlos. »Empfänger unbekannt verzogen«. Beim Fernsehen würde man sagen: Der Zuschauer hat Sie weggezappt. Deshalb heißt es vor den Werbepausen immer so flehend: »Bitte bleiben Sie bei uns!«

Werbeagenturen betreiben – im Unterschied zu Pädagogen – einen immensen Aufwand, um die Gehirne ihrer Adressaten kennen zu lernen. Sie sind Spezialisten darin, ein Zuschauergehirn bei Laune zu halten. Pädagogen, die vortragen, sind keine Werbedesigner. Doch auch sie müssen sich fragen: Wie kann ich mir für die Zeit meines Vortrags die Zuhörergehirne zu Freunden machen?

Aus empirischen Studien und der eigenen Erfahrung ist es kein Geheimnis, was unser Gehirn mag, wenn wir zuhören und zusehen.

Was unser Gehirn liebt

- Es mag Abwechslung, aber keine Hektik.
- Es ist ungeduldig und neugierig, aber liebt auch längere Spannungsbogen.
- Es will sich nicht anstrengen, aber genauso wenig nicht langweilen.

Wir kennen bestimmte Zustände, bei denen sich das Gehirn wohl fühlt:

- Da gibt es den Zustand der **Entspannung**, das anstrengungslose Genießen, das viele beim Fernsehen erleben, andere beim Hören von Musik oder beim Blättern in Illustrierten. Man lässt sich »berieseln«. Das Gehirn döst wie in einer Hängematte. Die Seele baumelt.
- Ein anderer Hirnzustand ist **Flow**, das Fließen. Man beherrscht eine Tätigkeit sehr gut und führt sie aus, indem man an seine Leistungsgrenzen geht. Dann erlebt man plötzlich, dass man »in der Sache aufgeht«, die Zeit nicht mehr wahrnimmt, sich alles spielend leicht anfühlt, obwohl man gerade eine Höchstleistung erbringt. Der Handelnde »erlebt den Prozess als ein einheitliches ›Fließen‹ von einem Augenblick zum nächsten, wobei er der

Meister seines Handelns ist und kaum eine Trennung zwischen sich und der Umwelt, zwischen Stimulus und Reaktion, oder zwischen Vergangenheit, Gegenwart und Zukunft verspürt« (Csikszentmihalyi 1985, S. 59). Das kann sich beim Bergsteigen, Joggen, Tanzen, Malen, Rennfahren, Tennis spielen, Golfen ereignen, oder wenn Jugendliche stundenlang in ein schwieriges Computerspiel abtauchen. Die Mischung aus »Das ist verdammt schwierig« und »Ich kann es schaffen« ist offensichtlich für unser Gehirn unwiderstehlich. Flow macht süchtig.

● Wieder ein anderer Gehirnzustand ist **Interesse**. Manche Menschen entwickeln eine intensive Beziehung zu einem Gegenstandsbereich (Krapp/Prenzel 1992). Diese Beziehung, die Ähnlichkeit mit einer Liebesbeziehung hat, hält lange an und wird als sehr befriedigend erlebt. Das Gehirn entwickelt das Bedürfnis, zu diesem Bereich immer mehr zu erfahren. Kaum ein Aufwand ist ihm zu hoch, keine Anstrengung zu mühsam. Die Freude überwiegt, die Beziehung zum Gegenstand des Interesses wieder einmal vertieft zu haben.

● Außerdem ist bekannt, dass das Gehirn gerne in **Bildern** denkt. Dass es Szenen und Episoden lieber verarbeitet als Abstraktes. Dass es Informationen besser behält, die Gefühle auslösen. Das Verarbeiten von bildhaften Eindrücken, das Erleben von Szenen sind entwicklungsgeschichtlich viel älter als das Verarbeiten von Sprache. Heute ist das Lehren und Lernen eine Domäne der Sprache. Hirnforscher kritisieren das. Sie mahnen, unser Bildungssystem würde völlig einseitig die Zentren der linken Großhirnhälfte (Sprache, Rechnen, analytisches Denken) fordern und fördern. Die rechte Hemisphäre, wo die Zentren für Bildverarbeitung, ganzheitliches Erkennen (Szenen, Räume, Gesichter) und soziale Prozesse liegen, würde dagegen ein Schattendasein führen (Springer/Deutsch 1995). Die Hirnhälftenspezialisierung ist durch Verfahren der Neurowissenschaft belegt. Mit diesen computergestützten Techniken kann man am Bildschirm beobachten, welche Hirnareale bei einer Person gerade besonders aktiv sind. Forscher haben vor kurzem herausgefunden, dass diese Aktivität nur gering und nur auf einen umgrenzten Hirnbereich beschränkt ist, wenn die Person beim Lesen erkennt: »Das weiß ich.« Ganz anders, wenn sie sich bewusst macht, worin dieses Wissen besteht. Dann sind sehr viele Areale im Gehirn aktiv und die Aktivität hält länger an. Übertragen auf die Situation eines Zuhörers beim Vortrag bedeutet das: Wenn er nur Informationen hört und sie versteht, ist die Aktivität des Gehirns begrenzt. Wenn der Redner aber bei den Zuhörern Kopfkino, konkrete Vorstellungen und Bilder erzeugt, reichhaltige Erfahrungen in Erinnerung ruft, dann ist das ganze Gehirn aktiv.

- Neuropsychologen und Wahrnehmungsforscher haben eine weitere Eigenheit unseres Gehirns entdeckt: es ist voll von **Filtern**. Diese selektieren rigoros. Die meisten Informationen, die von den Sinnesorganen wahrgenommen werden, überleben die Reise bis zur Großhirnrinde nicht. Nur ein Bruchteil dringt ins Bewusstsein vor. Und dieser Bruchteil ist längst nicht mehr das, was er war, als er auf die Sinneszellen traf. In der Passage durch zahlreiche Verarbeitungszentren und Filter wurde er teils angereichert, teils reduziert. Die ursprüngliche Information war nur Zutat für die Zubereitung eines eigenen geistigen Produkts. Für Sie als Vortragenden heißt das: Es gibt in den Gehirnen Ihrer Adressaten starke und immer aktive Zuhörfilter. Diese sind Ihr Feind. Denn sie zensieren gnadenlos, was Sie vortragen. Es gibt nur einen Weg: Sie müssen diese Zuhörfilter kennen, damit Sie sie sich zu Freunden machen können.

Wie macht man sich ein Gehirn zum Freund?

Wenn es nicht gelingt, die Gehirne der Zuhörer beim Vortrag zu halten, ist die Rede Schall und Rauch. Die geschilderten Erkenntnisse über die Vorlieben unseres Gehirns geben Hinweise auch für Vortragende.

Tipps für hirn-freundliches Vortragen

- **Anschaulich formulieren.**
  Mit Beispielen, Episoden, Szenen arbeiten. Kopfkino inszenieren. »Ich habe das und das erlebt.« »Stellen Sie sich vor, Sie wären ...«. Beschreiben statt referieren. Spezieller Tipp: Beim Kopfkino nicht wechseln! Wenn es gelungen ist, in den Köpfen der Zuhörer eine Szene, ein Beispiel, eine Analogie lebendig werden zu lassen, ist ein zweites, drittes Beispiel schädlich. Es verlangt vom Gehirn, das frische Bild zu löschen und ein neues zu schaffen. In diesem Kapitel habe ich eingangs das Vortragen mit der Analogie zum Schenken gekoppelt. Es wäre ein Fehler gewesen, hätte ich noch andere Analogien nachgelegt.
- **Für Abwechslung sorgen.**
  - *Möglichkeit 1:* Das gleiche Thema aus wechselnden Perspektiven und Fragestellungen angehen. Mit Kopfkino kombinieren: »Eben habe ich die Biotechnologie als Ethiker betrachtet. Jetzt bin ich Wissenschaftler/Patient/Gesetzgeber.«
  - *Möglichkeit 2:* Medien wechseln. Zuerst einen Textausschnitt zeigen, dann ein Bild oder ein Dokument zum Thema, zum Beispiel ein Interview mit einem Betroffenen.

– *Möglichkeit 3:* Für den Vortrag eine übergreifende, spannende Dramaturgie planen. Etwa: eine These oder Sichtweise überzeugend darstellen, dann die Gegenthese ebenso nachvollziehbar präsentieren, schließlich eine ideale Synthese entwickeln. Oder mit einem Problem, einer Herausforderung oder einem Rätsel beginnen, dann verschiedene Lösungsversuche schildern und gegeneinander abwägen, zum Schluss die beste Lösung darlegen.

– *Möglichkeit 4:* Gestik, Sprechtempo und Lautstärke variieren, rhythmisieren.

Abwechslung ist nur hilfreich, wenn das Thema identisch bleibt. Der »rote Faden« muss sich durchziehen. Dann sollen sich die Zugangsweisen ändern, sonst wird es langweilig. Jeder Themenwechsel ist dagegen anstrengend, denn er verlangt vom Gehirn eine neue Eingewöhnungsphase. Die muss pädagogisch eigens als Übergang gestaltet werden. Bleibt man jedoch im bekannten Szenario, ist jeder Perspektivenwechsel eine willkommene Abwechslung für das Gehirn. Aus dem gleichen Grund ist eine Abbildung, Folie oder Beamerpräsentation nur dann eine Bereicherung für das Verstehen, wenn sie exakt zum Text passt, den der Vortragende spricht.

● **Für die Zuhörer sprechen.**

Nutzen deutlich machen, Einwände und Zweifel aus Zuhörersicht aussprechen, stellvertretend für die Zuhörer von sich oder von anderen erzählen (»Als ich das zum ersten Mal hörte, dachte ich ...«, »Ein Seminarteilnehmer, der das zum ersten Mal hörte, sagte ...«), mögliche Zuhörerfragen stellen und beantworten, Beispiele aus dem Alltag der Zuhörer wählen, persönliche Ansprache (»Prüfen Sie jetzt genau ...«).

Dazu kommen Techniken, mit denen ein Vortragender dem schwachen Arbeitsspeicher unter die Arme greifen kann (siehe dazu Kapitel »Erklären«):

– Langsam sprechen.

– In regelmäßigen Abständen zusammenfassen.

– Anschreiben und visualisieren.

● **Direkt aussprechen, was Sie vorhaben und erreichen wollen.**

»Ich will Sie mit meinem Vortrag davon überzeugen, dass es sich für Sie lohnt, alles über Biotechnologie zu lesen, was Ihnen in die Finger kommt.« Zu jedem Teil des Vortrags vorweg kurz und attraktiv den Fahrplan bekannt geben (siehe die Schritte 1 und 2 im Abschnitt »Eine Grundform des Erklärens« im Kapitel »Erklären«, S. 40ff).

● **Maximal zehn Minuten am Stück vortragen.**

Untersuchungen haben gezeigt, dass schon nach zehn Minuten die Aufnahmebereitschaft vieler Zuhörer einbricht.

Vortragsportionen von fünf bis zehn Minuten Dauer sind optimal. Ich arbeite bei der Wissensvermittlung gerne mit der Murmelgruppenmethode (siehe S. 51 und mein Buch »Erfolgreiche Kurse und Seminare«). Da gibt es mehrere – professionell vorgetragene – Inputs von maximal zehn Minuten Dauer. Nach jedem Input stelle ich den Teilnehmern eine Aufgabe dazu (zum Beispiel das Gesagte auf den Alltag anwenden, Schlussfolgerungen ziehen, es einem Laien erklären, Abgrenzen und Vergleichen). Jeweils drei oder vier Sitznachbarn bearbeiten diese Aufgabe. Nach zirka fünf Minuten sammle ich kurz ein, was ermurmelt wurde und beginne meine nächste Vortragsportion. Diese Methode des klaren Wechsels zwischen Vortrag und Diskussion in Kleingruppen hat gegenüber dem Lehrgespräch viele Vorteile: Ich kann ungestört meine Inputs vortragen. Die Teilnehmer können danach ebenso ungestört miteinander reden. Während beim Lehrgespräch immer nur einer zu Wort kommt und sich oft immer die Gleichen beteiligen, können mehrere Teams gleichzeitig murmeln. In den Kleingruppen kommt auch jeder zu Wort.

Zünder

Kopfkino fesselt die Aufmerksamkeit. Noch wirksamer ist ein Live-Ereignis. Man kann es inszenieren, um einen Vortrag einzuleiten oder um eine besonders wichtige Stelle in den Gehirnen der Zuhörer zu »ankern«. Dazu zwei Beispiele:

Beispiele für Zünder Erstes Beispiel: Der Vorstand eines großen Unternehmens hat entschieden, eine neue Managementphilosophie einzuführen. Ein Team aus Psychologen, Soziologen, Betriebswirtschaftlern sitzt zusammen, um zu überlegen, wie das zu bewerkstelligen ist. In der Zielfindungs-Phase sagt ein Teammitglied: »Schaut mal her.« Er füllt sein Glas langsam mit Mineralwasser. Dann fügt er etwas Zucker hinzu. Er lässt einige Zeit verstreichen, rührt dann mit einem Kaffeelöffel um, kostet ein wenig davon und sagt: »Das ist es«. Die anderen haben die Prozedur mit Unverständnis, aber größter Aufmerksamkeit verfolgt. Einer fragt: »Was ist es?« Der Akteur: »So müssen wir es hinkriegen. Das Wasser ist das Unternehmen. Der Zucker die neue Philosophie. Wir schütten ihn als Fremdkörper von außen hinein. Wenn wir es gut machen, ist er nach einiger Zeit aufgelöst. Man sieht den Zucker nicht mehr. Aber das Wasser schmeckt süßer als vorher.«

Zweites Beispiel: In einem Seminar mit Führungskräften geht es um das Thema »Umgang mit Stress«. Da steht einer der beiden Trainer auf, fängt eine Fliege, stellt ein leeres Glas umgekehrt auf den eingeschalteten Overheadprojektor und schließt die Fliege darin ein. Alle sehen gespannt zu. Durch die Projektion sieht man den Schatten der Fliege überdimensional an der Projektionswand. Die Fliege zeigt ein seltsames Verhalten. Sie wechselt zwischen hektischen Flugversuchen, in denen sie immer wieder gegen das Glas prallt, und Ruhepausen, in denen sie lethargisch am Boden sitzt. Nach drei Minuten werden die Pausen immer länger. Es sieht so aus, als sei die Fliege bald erschöpft. Niemand sagt etwas, weil niemand weiß, was das Ganze soll. Schließlich sagt der Trainer: »Die Fliege hat Stress. Kommt Ihnen daran etwas bekannt vor?« Kurzes Stutzen. Dann erzählt der erste Teilnehmer, dass ihm das Verhalten der Fliege nicht fremd ist.

Ich nenne solche pädagogischen Live-Inszenierungen »Zünder«. Sie erinnern mich nämlich an Raketen in der Silvesternacht. Man zündet die Lunte an, es zischt, die Rakete steigt hoch und nach einer Weile entfaltet sich am Nachthimmel ein farbenprächtiges Spektakel. Dann ist es vorbei. Aber während des Feuerwerks war die Aufmerksamkeit voll da. Ebenso ist es mit den Inszenierungen in den beiden Beispielen. Ich habe sie beschrieben, um Sie anzuregen, selbst Zünder zu finden, für den Beginn eines Vortrags oder für Schlüsselstellen. Wenn Sie Glück haben, entdecken Sie etwas, das Ihre Zuhörer eine kurze Zeit mitverfolgen können und danach mit einem »Aha« verstehen. Sie können sicher sein: Wenn man Ihre Zuhörer nach einem Jahr fragt, was sie von Ihrem Vortrag noch erinnern, wird es der Zünder sein. Zünder sind Sternsekunden für unser Gehirn: Endlich bekommt es nach dem Übermaß an Sprache etwas zu sehen. Was man sieht, ist bekannt und doch neu; man hat genügend Zeit, um alles mitzubekommen und doch dauert es nicht zu lange. Und zur Belohnung gibt es das erlösende »Aha«. Für eine kurze Zeit haben Sie sich die Gehirne der Zuhörer und Zuseher zu Freunden gemacht.

Wo bleibt die Vortragstechnik?

Die vielen Bücher zum Thema »Vortragen« und »Präsentieren« sind voll guter und weniger guter Ratschläge für Redetechniken und den Einsatz von Medien beim Vortragen. Sie erfahren, dass Sie die ersten und letzten Sätze eines Vortrags auswendig lernen sollen, wie Sie vom Manuskript ablesen und trotzdem Blickkontakt halten, wie Sie Ihre Stimme und Aussprache schulen, wie Sie bedrohliche Argumente rhetorisch kontern, wie Sie logisch argumentieren. Ich halte diese Techniken für nützlich, aber nicht für wesentlich.

Wesentlich für einen erfolgreichen Vortrag erscheinen mir die Punkte, die ich in diesem Kapitel beschrieben habe: die Einstellung des Vortragenden zum Thema und zur Vortragssituation, die Einstellung gegenüber den Zuhörern, die Kontaktaufnahme mit den Gehirnen, das Binden der Aufmerksamkeit. Über diese Aspekte habe ich in den Rhetoriktrainings und Rhetorikbüchern wenig erfahren. Diese sind auch nicht speziell für pädagogische Situationen entwickelt worden. Bei der Überzeugungsrede in einer Konferenz, bei der Präsentation in einem Verkaufsgespräch, bei der politischen Rede im Parlament mag die Technik im Vordergrund stehen. In pädagogischen Situationen jedoch geht es um Verständigung im Interesse einer erfolgreichen Lernarbeit (s. das Brecht-Zitat S. 7 als Motto zu diesem Buch). Verständigung, Lernen als Einverständnis gelingt nur, wenn der Vortragende sich in die Welt und Denkweise seiner Zuhörer einlässt. Und sich die Gehirne zu Freunden macht.

Tipps zum Üben

- Gestalten Sie Ihren nächsten Lehrvortrag einmal nach den Tipps in diesem Kapitel. Bemerken Sie einen Unterschied?
- Suchen Sie Stellen in Ihren pädagogischen Vorträgen, bei denen Sie sich nicht wohl fühlen. Nehmen Sie sich diese Stellen vor und arbeiten Sie sie um, bis Sie ein gutes Gefühl haben und sich darauf freuen, sie den Zuhörern vorzutragen.
- Versuchen Sie, für eine schwierige oder besonders wichtige Stelle Ihres Vortrags, einen Zünder zu finden. Wie reagieren Ihre Zuhörer?
- Holen Sie bei Ihren Schülern oder Teilnehmern Feedback über Ihren Vortragsstil ein.

Kapitel 4:
Aufgaben stellen

Prüfen Sie, ob »Aufgaben stellen« ein Thema für Sie ist.

Welchen Sätzen stimmen Sie zu?

● Was den Schülern bzw. Teilnehmern am meisten fehlt, ist Motivation.
● Nirgends schummeln Schüler oder Teilnehmer so wie bei der Arbeit an Aufgaben.
● Wenn Lehrer oder Trainer ihre Arbeit perfekt machen, sind Hausaufgaben oder Gruppenarbeiten Zeitverschwendung.

Wenn Sie auch nur einer Aussage zustimmen, lohnt es sich weiterzulesen.

Aufgaben: Für wen?

Die Mathematiklehrerin: »Rechnet bis Mittwoch die Aufgaben sechs bis neun auf Seite 45 durch. Und macht mir saubere Zeichnungen!«

Der Kommunikationstrainer: »Sie sollen in Vierergruppen überlegen, wie man Missverständnisse in zwischenmenschlichen Beziehungen erkennen und auflösen kann. Zeit: 45 Minuten.«

Die Leiterin eines Computerkurses: »Üben Sie bis zum nächsten Treffen zu Hause, was wir heute gelernt haben. Das nächste Mal setze ich voraus, dass Sie es können.«

Hier werden Arbeitsaufträge vergeben. Sie legen fest, dass Lernende innerhalb einer definierten Frist etwas erarbeiten. Doch für wen soll eigentlich der Lernende arbeiten? Für den anordnenden Pädagogen oder für sich?

Die Frage »für wen?« ist für mich die Schlüsselfrage beim Vergeben von pädagogischen Aufgaben. Selten erlebt man jedoch, dass ein Lehrer, Kursleiter oder Trainer sich die Frage »für wen?« überhaupt stellt. So werden reihenweise Aufgaben verteilt, bei denen das »Für wen?« unklar bleibt. Stellte man einem solchen Pädagogen diese Frage, bekäme man zu hören: »Ist doch klar: Die Aufgaben stelle ich für die Teilnehmer.« Viele Lernende sehen das ganz anders: »Wir lassen uns auf die Aufgabe ein, weil es der Lehrer oder der Trainer eben so will.«

Die Antwort auf die Frage »für wen?« hat Konsequenzen. Wenn Sie eine Arbeit vergeben, die jemand für Sie erledigen soll, können Sie sich Erklärungen und Überzeugungsarbeit sparen. Geht es dagegen um einen Auftrag zum

Nutzen des Lernenden, tun Sie gut daran, diesen Nutzen möglichst deutlich zu machen. Mehr noch: Als Pädagoge sind Sie aufgerufen, daran mitzuwirken, dass dieser Nutzen auch tatsächlich eintritt. Sie sollten also bei der Vergabe einer pädagogischen Aufgabe klären: „Macht der Lernende diese Aufgabe für mich oder für sich?" Der Lernende hat ein Recht auf diese Klärung. Denn es ist seine Zeit, es ist seine Energie, die er in die Aufgabe investiert.

Deshalb verdienen alle drei Beispiele zu Beginn dieses Abschnitts das Prädikat »nicht empfehlenswert«. In allen drei Beispielen erfahren die Lernenden nämlich nur, was sie zu tun haben. Zum »Für wen?« und »Wozu?« fehlt jeder Hinweis. Auch das »Wie« bleibt unklar, mit Ausnahme von Beispiel 1. Hier sagt die Lehrerin: »Und macht mir saubere Zeichnungen!« Das Wörtchen »mir« deckt auf, dass es die Lehrerin ist, für die gezeichnet werden soll. Von diesem »mir« ist die Lehrersprache in den Klassenzimmern durchsetzt wie die Medizinersprache vom gönnerhaft sich herabbeugenden »Wir« (»Wie geht's *uns* denn heute?«). Die Schüler hören »Dass ihr mir ja auf die Endungen achtet!«, »Rechne mir doch mal aus, wie viel ...«. Weshalb »mir«? Der Schüler soll doch nicht für mich, sondern er soll für sich auf die Endungen achten, für sich ausrechnen, für sich sauber zeichnen!

In Beispiel 3 erscheint der pädagogische Egozentrismus noch in einer anderen Spielart: »Ich setze voraus, dass ...« Im Klartext: Die Lernenden sollen üben, damit die »Setzungen« der Kursleiterin bestätigt werden. Wenn ich als Teilnehmer in diesem Computerkurs säße, würde mich diese Erklärung nicht für die Aufgabe einnehmen, denn sie hat nur etwas mit der Kursleiterin, aber nichts mir zu tun.

Pädagogischer Egozentrismus

Die Aufgabenstellung sagt vieles über den Lehrenden aus

An den Formulierungen, die Sie als Lehrer, Kursleiter oder Trainer beim Stellen einer Aufgabe verwenden, lässt sich wie in einem offenen Buch ablesen, wie Sie Ihre Rolle definieren. Es gibt Trainer, die leiten eine Gruppenarbeit mit der Gestik eines beflissenen Gastgebers ein. Wenn dieser sagt »Ich darf Sie jetzt zu einem bescheidenen Imbiss ins Esszimmer bitten«, heißt es aus Trainermund: »Ich möchte Sie jetzt bitten, einmal in Gruppen darüber nachzudenken ...« oder »Wenn Sie einverstanden sind, führen wir jetzt eine kleine Übung durch ...« oder »Ich würde Sie jetzt gerne zu einer interessanten Gruppenarbeit einladen ...«. Man spürt die Sorge, die Aufgabe könne den Teilnehmern ungelegen kommen, sie überfordern. So packt man sie in Watte, verniedlicht die Übung zu einer »kleinen Übung«. Trainer, die sich beim Stellen von Aufgaben so ausge-

sucht liebenswert verhalten, leiden offensichtlich unter ihrer Leiterrolle, fühlen sich eingeengt wie in einer unbequemen Rüstung. Sie wären sie am liebsten los, um unbeschwert mit den Teilnehmern einer Gemeinschaft der Gleichen anzugehören. Insgeheim wären sie lieber Teilnehmer, nicht Leiter. Eine Aufgabe stellen bedeutet jedoch, als Leiter von den Teilnehmern etwas zu fordern. Kein Wunder also, dass es gerade beim Stellen von Aufgaben zu diesen gewundenen Formulierungen kommt.

Trainer, die sich als Chef im Ring verstehen, formulieren die Aufgabenstellung anders. Während Trainer mit Leiterkomplex den Konjunktiv lieben (»Ich würde Sie jetzt gerne bitten«, »Ich fände es gut, wenn wir (!) das in einem Rollenspiel üben würden«), sprechen die Ich-bin-der-Chef-Trainer im Präsens Indikativ. Was durchaus Sinn macht, denn der Präsens Indikativ ist das sprachliche Erkennungsmerkmal von Menschen, die wissen, dass alles so eintreffen wird, wie sie es anordnen. Eine Aufgabenstellung im Präsens Indikativ klingt so: »Sie lesen die Aufgaben auf dem Arbeitsblatt. Ich teile die Gruppen ein. Sie gehen in ihre Gruppenräume. Sie halten dort die Ergebnisse auf dem Flipchart fest. Um 15 Uhr sind Sie wieder hier. Jede Gruppe trägt dann ihre Ergebnisse vor.« Das ist so klar und vertrauenserweckend wie eine Fahrplanauskunft: »Sie fahren um 10.36 Uhr vom Hauptbahnhof München ab. Um 13.22 Uhr steigen Sie in Stuttgart in den Zug nach Tübingen um. Dort kommen Sie an um 14.23 Uhr. Gute Fahrt!« Wer zweifelt noch daran, dass man exakt um 14.23 Uhr seinen Fuß auf Tübinger Boden setzt?

Verschieden wie die Trainerpersönlichkeiten ist ihre Art, Aufgaben zu formulieren. Doch beide Versionen der Aufgabenstellung, die verklemmte wie die zackige, haben ein- und denselben schweren Mangel: Sie geben den Lernenden keine Antwort auf die Frage »für wen?« Diese Frage interessiert die Trainer nicht. Sie richten ihr Augenmerk lediglich darauf, wie sie die Aufgabe sprachlich verpacken und den Teilnehmern aushändigen. So müssen die Lernenden selbst herausfinden, für wen sie ihre grauen Zellen in Bewegung setzen.

Ich habe die Aufgabenformulierung der Leiterin des Computerkurses kritisiert (»Das nächste Mal setze ich voraus, dass Sie es können.«). Nehmen wir an, sie hätte formuliert: »Jeder von Ihnen will das Kursziel erreichen, sonst wären Sie nicht hier. Sie würden kein Geld dafür ausgeben. Das Ziel ist aber nur zu schaffen, wenn Sie nach jedem Treffen so üben, dass Sie das Gelernte sicher beherrschen. Sonst geraten Sie in Schwierigkeiten, wenn es das nächste Mal weitergeht. Sie verlieren den Anschluss und steigen irgendwann aus.« Dann wüsste ich, wie meine Kursleiterin die Frage »für wen?« beantwortet. Mir wäre klar, dass ich es nur für mich tue, wenn ich zu Hause übe.

»Ich tue es für mich!«

Formulieren Sie pädagogische Aufgaben so, dass jeder Lernende überzeugt ist »Das tue ich für mich!« Dann werden Ihre Teilnehmer sich engagieren, bewusster arbeiten und erpicht darauf sein, dass das Ergebnis gut ausfällt. Wenn Lehrer und Trainer über die schlechte Motivation ihrer Lernenden klagen (das ist die häufigste Klage in den Lehrerzimmern und an den Trainertischen), machen sie die Lernenden dafür verantwortlich. Doch ein Lernender gibt sich schwerlich Mühe, wenn er keinen Sinn, keinen Nutzen erkennt. Und daran haben die Lehrenden sehr wohl einen Anteil. Sie haben sogar entscheidenden Einfluss darauf, ob die Lernenden bei einer Aufgabe sagen »Das ist etwas für mich!«.

Lernarbeit einleiten

Die Chance, dass der »Motor« in den Lernenden anspringt, ist umso größer, je klarer sie sehen,

1. warum der Lehrende sich für diese Aufgabe entschieden hat,
2. was genau sie tun sollen,
3. welche Ressourcen, Werkzeuge, Hilfsmittel für sie bereitstehen,
4. wie sie die Ergebnisse ihrer Arbeit dokumentieren und präsentieren,
5. wie man die Ergebnisse verwertet,
6. welchen Nutzen sie aus der Arbeit ziehen.

Punkt 1 macht deutlich, dass die Aufgabe nicht vom Himmel fällt. Oder dass der Lehrer, Kursleiter oder Trainer die Aufgabe nicht deshalb verteilt, damit er in Ruhe eine Zigarette rauchen und die Zeitung lesen kann. Die Punkte 2 und 3 stellen die Arbeitsfähigkeit her. Die Punkte 4 und 5 informieren über den Umgang mit den Ergebnissen der Arbeit. Punkt 6 macht Sinn und Nutzen deutlich.

Für das »Motivieren« im Sinne von »Bereitschaft für die Aufgabe wecken« sind alle sechs Punkte wichtig, allerdings auf unterschiedliche Weise. Punkt 1 schafft bei den Lernenden Vertrauen, dass die Aufgabe wohl überlegt und im Ablauf der Lernarbeit richtig platziert ist. Eine gute Information zu den Punkten 2 und 3 stärkt bei den Lernenden die Überzeugung »Ich weiß, was ich tun soll. Ich sehe, dass ich es schaffen kann.« Klare Aussagen zu den Punkten 4 und 5 zeigen ihnen, dass ihre Arbeit gebraucht, beachtet und gewürdigt wird. Eine glaubhafte Darstellung zu Punkt 6 motiviert, weil »Nutzen erzielen« eines der stärksten menschlichen Motive ist.

Punkt 1: Wozu die Aufgabe?

Beispiel   Im obigen Beispiel könnte der Kommunikationstrainer die Gruppenarbeit so einleiten: »Sie wissen jetzt, was Missverständnisse ausmacht. Sie wissen, wie diese eine Beziehung vergiften können. Aber Sie wissen noch keine Antwort auf die Frage: Was können Sie tun, wenn ein Missverständnis passiert ist? Erst dann sind Sie gerüstet, wenn Sie einmal in ein Missverständnis verwickelt sind.«

Wenn Sie die Aufgabenstellung mit einer Erläuterung zum »Wozu« beginnen, werden Ihnen keine gewundenen Formulierungen über die Lippen kommen, kein »Ich würde jetzt gerne mit Ihnen« und kein »Ich darf Sie jetzt bitten«. Denn dann sind Sie überzeugt davon, dass die Aufgabe an dieser Stelle der Lernarbeit Sinn macht, ja notwendig ist. – Nachdem Sie auf diese Weise den Rahmen für die Aufgabe abgesteckt, die Aufgabe »positioniert« haben, kann die Erläuterung beginnen, was es genau zu tun gibt.

Punkt 2: Was genau ist zu tun?

Solange hier nicht Klarheit herrscht, sind die Lernenden nicht arbeitsfähig. Die Schülerin sitzt dann vor ihrer Hausaufgabe und zerbricht sich den Kopf, wie die Aufgabe wohl gemeint sein könnte. Die Teilnehmer an der Gruppenarbeit im Seminar verlieren viel Zeit, weil sie erst diverse Deutungen der Aufgabe austauschen. Dieses Blindekuhspiel können Sie den Lernenden ersparen, wenn Ihre Aufgabenbeschreibung präzise ist.

Zum obigen Beispiel einer Gruppenarbeit im Kommunikationstraining könnte der Trainer die Teilnehmer so instruieren: »Wir bilden Kleingruppen. Jedes Gruppenmitglied schildert den anderen eine erlebte Situation, bei der es zu einem Missverständnis kam. Wählen Sie in der Gruppe dann eine dieser Situationen aus. Analysieren Sie, worin hier das Missverständnis besteht. Sammeln Sie dann Ideen, wie man es auflösen könnte. Einigen Sie sich in Ihrer Gruppe auf ein Vorgehen, von dem Sie alle überzeugt sind.«   *Beispiel*

Weil diese Informationen das geplagte Kurzzeitgedächtnis vielleicht überfordern, empfiehlt sich ein Arbeitsblatt oder das Anschreiben der Arbeitsschritte auf Tafel oder Flipchart.

Punkt 3: Ressourcen

Wieder am Beispiel Kommunikationstraining: »Wenn Sie das Missverständnis analysieren, können Sie auf das Schema zurückgreifen, das wir heute Morgen diskutiert haben. Sie haben es in Ihren Unterlagen. Noch ein Tipp: Wenn Sie eine Lösung suchen, können Sie die Regeln für eine gute Kommunikation beachten, die wir gestern trainiert haben. Sie finden sie ebenfalls auf einem Merkblatt in Ihren Unterlagen.«   *Beispiel*

Leider gibt es Lehrer, Kursleiter und Trainer, die mit Tipps, Hilfsmitteln und anderen Ressourcen geizig umgehen. So rückte der Mathematiklehrer unserer Tochter erst auf Nachfrage mit der Information heraus, dass es ergänzend zum Schulbuch ein sehr gutes Übungsbuch gibt. Solche Hinweise müssten eigentlich allen Kindern zu Beginn des Schuljahrs gegeben werden. Mehr noch: Eine professionelle Ressourcenberatung sollte an jeder Schule für jedes Unterrichtsfach selbstverständlich sein. Dazu gehören auch Empfehlungen, welche Computerlernprogramme und Webadressen für den Stoff dieser Klasse zu empfehlen sind. Und wäre es nicht Aufgabe jeder Schule, die Ressource »Eltern« zu stärken, also Trainings und Beratung für die Betreuung von Hausaufgaben anzubieten? Auch in der Erwachsenenbildung gibt es Trainer, die kein Interesse zeigen, den Teilnehmern alternative Lernressourcen – Seminare anderer Trainer, Literatur sowie andere Medien – aufzuzeigen. Das alles sieht nach einem völlig unpädagogischen Verteidigungsprogramm aus: »Ich muss unentbehrlich bleiben. Die Lerner sollen nicht mitbekommen, dass sie den Stoff zum Teil auch ohne mich erarbeiten können.«

Punkt 4: Ergebnisse dokumentieren und präsentieren

Beispiel   Am Beispiel Kommunikationstraining: »Ihre Gruppenergebnisse sehen wir uns als Rollenspiele an. Sie erzählen uns kurz die Szene und spielen uns dann Ihren Lösungsdialog vor.«

Es gibt eine Fülle von Möglichkeiten, Ergebnisse zu dokumentieren: mündlicher Vortrag, Flipchart-Poster, Pinnwände mit Karten, Pinnwand-Vernissage, Folien, PC-Präsentationen, Goldfischglas (Vertreter der Gruppen sitzen in der Mitte und berichten aus ihren Gruppen), Interviews, Videos und viele mehr. Welche Methode passt, hängt davon ab, wie mit den Ergebnissen weiter gearbeitet werden soll (s. Punkt 5). Will man die Ergebnisse miteinander vergleichen, scheiden Folien, PC-Präsentationen und mündlicher Bericht aus. Stattdessen sind Medien gefragt, bei denen man die Ergebnisse betrachten kann, also Poster, Pinnwände oder kopierte Berichte auf DIN-A4-Seiten, von denen jeder Teilnehmer ein Exemplar als Handout erhält.

Bei manchen Aufgaben macht es Sinn, dass die Teilnehmer entscheiden, wie sie ihr Ergebnis dokumentieren und präsentieren. Das sind Aufgaben, bei denen Vielfalt erwünscht ist. Beispielsweise beim gegenseitigen Kennenlernen hat jeder Teilnehmer drei Minuten Zeit, den anderen etwas von sich mitzuteilen. Wie, entscheidet jeder frei.

Punkt 5: Ergebnisse verwerten

Dazu erfahren die Lernenden selten etwas. Man sagt ihnen, was sie zu tun haben, bis wann sie das Ergebnis abliefern sollen, vielleicht noch, in welcher Form. Kein Wort fällt aber dazu, wie es mit den Ergebnissen der Arbeit weitergehen soll. Ohne dass es der Trainer oder die Lehrerin will, wird damit die Arbeit der Lernenden entwertet. Die Teilnehmer ziehen den Schluss: »Das Ergebnis scheint nicht sonderlich wichtig zu sein.« Die Verwertung ist also auch eine Geste der Wertschätzung. Die Lernenden erleben, dass Sie ihre Arbeit ernst nehmen. Damit beeinflussen Sie ihr Arbeitsverhalten. Deshalb ist eine Vorabinformation zur Verwertung der Ergebnisse Pflicht.

Am Beispiel Kommunikationstraining: »Wenn alle Gruppen ihre Lösungen vorgespielt haben, stellen wir Formulierungen zusammen, die besonders hilfreich sind, um Missverständnisse aufzuklären.«   *Beispiele*

Ein Beispiel aus der Schule: Innerhalb von drei Wochen wurde in der 5. Klasse unserer Tochter fünfmal die Hausaufgabe gestellt, einen Aufsatz zu schreiben. Es ging um anregende, auch persönliche Themen. Doch die Lehrerin zeigte kein einziges Mal Interesse an den Resultaten. Folge: Die Kinder verloren die Lust, einige schrieben gar keinen Aufsatz mehr. Die Aufgabe wurde von vielen nur noch als lästige Freizeitbeschäftigung gesehen. Wie anders wäre es gewesen, hätte die Lehrerin den einen oder anderen Aufsatz vorlesen lassen, die Wirkungen auf die Zuhörer erfragt, den Autoren Tipps geben lassen. Sie hätte die Aufsätze auch einsammeln, mischen und dann nach Zufall auf die Kinder verteilen können, zur Lektüre und anschließenden Kurzkritik.

Auch Erwachsene mögen es, wenn ihre Arbeit beachtet und wertgeschätzt wird. In pädagogischen Situationen haben sie ein Anrecht darauf, denn von der Verwertung der Ergebnisse hängt es ab, ob die Lernchancen der Aufgabe fruchtbar werden.

Bei der Wahl der Verwertungsmethode ist wieder didaktische Fantasie gefragt: Will ich aus den Ergebnissen Tipps entwickeln, neue Aufgaben ableiten, Übungen zu Resultaten durchführen oder zu Vorsätzen und Transfer anregen?

Im Beispiel des Kommunikationstrainings könnte der Leiter auch sagen: *Beispiel*
»Wenn wir die Lösungen der Gruppen im Rollenspiel erlebt haben, erstellen wir daraus eine Liste mit Tipps für das Verhalten bei Missverständnissen.«

Punkt 6: Nutzen aufzeigen

Wieder am Beispiel Kommunikationstraining: »Diese Übung hilft Ihnen,   *Beispiel*
künftige Missverständnisse lösen zu können. Und zum Schluss bekommen Sie noch eine Liste mit den besten Formulierungen. Dann sind Sie fit.«

Der Punkt »Nutzen aufzeigen« ist deshalb so wichtig, weil auf diese Weise Interesse entstehen kann. Persönlicher Nutzen ist ein mächtiger Kontaktstifter zwischen einer Person und einem Thema oder einer Sache. Gute Verkäufer wissen das. Die Nutzenargumentation ist das Kernstück jedes erfolgreichen Verkaufsgesprächs. »Verkaufen« ist jedoch eine ungeeignete Vokabel für die pädagogische Arbeit. Ein Pädagoge allerdings, der sich für die Nutzenargumentation zu schade ist, will nicht wahrhaben, dass er in einem Dienstleistungsberuf arbeitet. Für Lehrer und Hochschullehrer ist dies ein Tabuthema.

Anders die Erwachsenenbildner. Sie sehen sich als Dienstleister und behandeln ihre Kurs- und Seminarteilnehmer als Kunden. Auf den Kundennutzen richten sie ihre pädagogische Arbeit aus. Diesen Nutzen immer wieder aufzuzeigen und damit Anreize zu setzen ist für sie selbstverständlich.

Wie lange?   Erst wenn Sie bei der Aufgabenbeschreibung alle sechs Punkte beachtet haben, sollten Sie die **Zeit** vereinbaren, bis zu der Sie die Ergebnisse erwarten. In meinen Trainings frage ich die Teilnehmer, welche Zeit sie für die geschilderte Aufgabe ansetzen möchten. Hintergedanke: Wer die Zeit selbst festgelegt hat, erinnert sich besser daran und fühlt sich eher verpflichtet, sie einzuhalten. Bei längeren Gruppenarbeiten hat es sich bewährt, einen Teilnehmer zu bitten, den Zeitwächter zu spielen.

Tipps zum Üben

- Erinnern Sie sich, wie Sie als Lehrer, Kursleiter oder Trainer Ihre letzte Aufgabenstellung formuliert haben. Wie würde eine Formulierung zur gleichen Aufgabe lauten, wenn Sie auf die oben genannten sechs Punkte eingingen?
- Üben Sie die Nutzenargumentation, sowohl beim Stellen von Aufgaben als auch an anderen Abschnitten Ihres Unterrichts oder Seminars.
- Prüfen Sie, ob Ihr Stil, Aufgaben zu formulieren, etwas mit dem Verständnis Ihrer Leiterrolle zu tun hat.
- Denken Sie darüber nach, ob Sie die Ergebnisse von Aufgaben, die Sie stellen, auch immer gründlich genug verwerten. Können Sie die Wertschätzung und den Gewinn dieser Ergebnisse verbessern?

Kapitel 5: Beraten

Prüfen Sie, ob »Beraten« ein Thema für Sie ist.

Welchen Sätzen stimmen Sie zu?

- Es tut mir gut, wenn mich jemand um Rat fragt.
- Ich wundere mich, warum sich so selten einer bedankt, wenn ich ihm mit einem guten Rat geholfen habe.
- Manche tun nur so, als ob sie einen Rat haben wollen. Ändern wollen sie in Wirklichkeit gar nichts.
- Manchmal können Ratsuchende ganz schön lästig werden. Ich weiß dann nicht, wie ich das Ganze zu Ende bringen kann, ohne den anderen zu enttäuschen.
- Wenn mich jemand um einen Rat bittet, bekommt er ihn auch.

Wenn Sie auch nur einer Aussage zustimmen, lohnt es sich weiterzulesen.

»Darf ich Sie um einen Rat fragen?«

Beispiel Situation: Ein dreitägiges Seminar mit Nachwuchs-Führungskräften. Am zweiten Tag in der Kaffeepause spricht ein Teilnehmer die Trainerin an: »Kann ich Sie mal sprechen? Ich brauche Ihren Rat. Ich habe da ein Problem.« Die Trainerin: »Worum geht es denn?« Teilnehmer: »Ich habe Ärger mit meinen Kollegen. Ich weiß nicht, was ich tun soll. Sie sind Psychologin. Sie haben Erfahrung. Sie können mir bestimmt helfen. Wann können wir darüber reden? Heute Abend nach dem Essen?« Die Trainerin. »O.K. Um acht.«

In dieser Minute ist ein **Kontrakt** zustande gekommen, eine gegenseitige Vereinbarung, wenn auch ohne Handschlag oder Unterschrift. Unausgesprochen liegt auch schon ein Drehbuch bereit. Hauptdarsteller sind ein Ratsuchender und eine Helferin. Der Ratsuchende erwartet, dass die Helferin ihm sagt, wie er sein Problem lösen kann. Die Helferin erwartet, dass sie einen Rat erteilen kann und dass der Ratsuchende diesen Rat befolgt. Vielleicht erwartet sie auch im Stillen, dass er ihren Rat schätzen und ihr dafür dankbar sein wird. Das Drehbuch sieht ein Happyend vor: der Ratsuchende löst sein Problem, er und die Helferin sind glücklich und zufrieden.

Aber es kann auch anders kommen. Dann gibt es kein Happyend, sondern Ärger und Enttäuschung. Dieses andere Drehbuch trägt den Titel »Die Helferfalle«.

Die Helferfalle

»Die Helferfalle« ist ein Drama in mehreren Akten. Manche Autoren sprechen deshalb auch vom »Dramadreieck«. Die Handlung besteht darin, dass ein Helfer in die Falle geht und nicht mehr herauskommt. Für die Zuschauer ist es überaus spannend, mitzuverfolgen, wie der Helfer in die Falle geht, wie er erkennt, dass er in der Falle steckt, wie er versucht, wieder herauszukommen und wie es dem Opfer gelingt, die Ausbruchversuche zu vereiteln. Es gibt in diesem Spiel drei Rollen: das Opfer, den Retter und den Verfolger. Doch es gibt nur zwei Schauspieler. Opfer und Retter sind besetzt, aber die Verfolgerrolle kann einmal das Opfer, einmal der Retter spielen. Das gibt der Handlung ihre Spannung und Dynamik.

Den theoretischen Hintergrund für die Analyse solcher »Spiele« liefert die Transaktionsanalyse (Berne 1967).

Akt 1: Der Retter wird verpflichtet

Das Opfer hat einen Retter gefunden. Es hat Signale ausgesendet: »Ich brauche Hilfe.«. Der Retter hat geantwortet: »Hier bin ich.« Der Retter hilft mit einem überzeugenden Ratschlag, das Opfer dankt. Beliebte Einladungen des Opfers an den Retter sind Sätze, die mit »immer« beginnen (Gührs/Nowak 1998): »Immer muss ich Überstunden machen«, »Immer kriege ich die Schuld«, »Immer gerate ich an die falschen Männer«.

Die Helferfalle ist zugeschnappt. Aber noch sind beide zufrieden

Akt 2: Zwischen Retter und Opfer kommt es zu Spannungen

- **Variante A:** Der Retter hört nichts mehr vom Opfer. Irgendwann fragt er nach, was aus seinem Rat geworden ist. Es stellt sich heraus, dass das Opfer noch nichts unternommen hat. Der Retter will es nun genau wissen. Das Opfer gesteht: »Ich war mir nicht mehr so sicher, ob der Rat wirklich die Lösung sein könnte.« Der Retter tut alles, um die Zweifel auszuräumen. Das Opfer ist jetzt zuversichtlich. Doch nach einiger Zeit stellt sich heraus, dass es den Rat abermals nicht umgesetzt hat.

Der Retter sitzt auf dem Verfolgerstuhl und macht dem Opfer Vorwürfe

  Diesmal nennt es als Grund: »Ich hatte so viel andere Dinge zu tun.« Jetzt verliert der Retter die Geduld. Er sagt dem Opfer, dass er die Ausreden satt hat und nicht mehr als Retter zur Verfügung steht. Unversehens ist der Retter zum Verfolger geworden.

- **Variante B:** Das Opfer meldet sich beim Retter und teilt mit, es habe den Rat befolgt. Der Retter freut sich, wartet auf die Schilderung des Erfolgs, auf Zeichen der Erleichterung und auf Dankbarkeit. Doch das Opfer ist am Boden zerstört. »Ich habe alles so gemacht, wie Sie es mir geraten haben. Aber jetzt ist alles noch viel schlimmer als vorher!«

Das Opfer sitzt auf dem Verfolgerstuhl und macht dem Retter Vorwürfe

  Es macht sich Vorwürfe, dass es so naiv war, an den Rat zu glauben. Das Opfer hat sich zum Verfolger des Retters gewandelt.

Akt 3: Das Opfer bindet den Retter an sich

Plötzlich fühlt sich der Retter nicht mehr wohl in seiner Haut. Er spürt erste Impulse auszusteigen. Es kommen ihm Zweifel, ob es gut war, sich in diese Beratung einzulassen. Das Opfer will jedoch den Retter auf keinen Fall verlieren. Und es verfügt über mächtige Strategien, um den Retter an sich zu binden.

- **Fortsetzung der Variante A** (Retter ärgert sich über das Opfer): Wenn der Retter das Opfer immer schonungsloser kritisiert, gibt dieses plötzlich jede Verteidigung auf: »Sie haben völlig Recht. Ich habe es nicht verdient, dass sich jemand so viel Zeit für mich nimmt. Ich bin ein Versager. Ich schaffe es nie, das zu tun, was ich mir vorgenommen habe. Geben wir es auf. Vielen Dank trotzdem.« Angesichts dieser Hilflosigkeit und Selbstquälerei des Opfers wird der Verfolger wieder zum Retter. Reumütig kehrt er in seine alte Rolle zurück. Er macht dem bedauernswerten Opfer Mut: »Kopf hoch. Wir schaffen das schon!« Das Spiel beginnt von Neuem.
- **Fortsetzung der Variante B** (Opfer gibt Retter die Schuld): Der Retter fühlt sich für den Misserfolg verantwortlich. Er will die Scharte mit allen Kräften wieder auswetzen. Das Spiel beginnt von Neuem.

So bleibt der Retter in der Falle

Bis jetzt hat der Retter noch gar nicht bemerkt, dass er in einer Falle sitzt. Das dämmert ihm erst, wenn sich die Akte des Dramas in Variationen mehrmals wiederholt haben. Irgendwann kommt dann der Zeitpunkt, wo der Retter selbst einen Retter nötig hätte, weil er nicht weiß, wie er aus dem Spiel aussteigen kann, ohne das Opfer im Stich zu lassen. Der Klebstoff, der ihn an sein Opfer bindet und in der Helferfalle gefangen hält, ist **schlechtes Gewissen**. Nun ist schlechtes Gewissen etwas Wertvolles. Egoisten sind damit nicht belastet. Doch Retter sind gute Menschen. Ihnen das schlechte Gewissen ausreden zu wollen, wäre nicht nur erfolglos, sondern spräche gegen die guten Sitten. Es gibt für sie also nur einen Rat: die Helferfalle erst gar nicht betreten.

Wie schützt man sich vor der Helferfalle?

Der Speck in der Helferfalle ist für eingefleischte Retter so verführerisch, dass sie nicht Nein sagen können. Der Speck ist die Bitte: »Gib mir einen Rat!« Sobald sich die Gedanken des Retters in Bewegung setzen, um einen Rat zu verfertigen, ist es zu spät. Um sich vor der Helferfalle zu schützen, gibt es nur eine Strategie: **Helfen, ohne einen Rat zu geben**.

Das ist schwierig und ungewohnt. Professionelle Berater lernen das. Sie werden geschult, jemand zu beraten, ohne Ratschläge zu verabreichen. Wenn der Ratsuchende keinen Rat weiß, man ihm aber keinen geben will, muss man ihm auf eine andere Weise helfen. Wie das im Einzelnen geschehen kann, schildert der nächste Abschnitt. Die Leitlinie dieses Vorgehens: Sie erarbeiten mit dem Ratsuchenden Lösungsoptionen. Sie helfen ihm, diese Optionen genau zu prüfen. Dann entscheidet er sich für eine Option. Dieses Vorgehen macht klar, was Realität ist: **der Inhaber des Problems ist der Ratsuchende**, nicht Sie. Das Problem gehört ihm. Wenn Sie es als Berater (auch) zu Ihrem Problem machen, verfälschen Sie die Realität. Doch Realität zu verfälschen ist nicht professionell. Im Gegenteil: Ein Kernauftrag für Professionelle in Bildung und Beratung ist es, ihren Schülern oder Seminarteilnehmern Realität deutlich zu machen. Das Verweigern von Ratschlägen hat zwei segensreiche Wirkungen:

Ratschläge sind Fallen   Zum einen schützt es Sie vor der Helferfalle:
- Der Ratsuchende kann Ihnen nicht die Verantwortung für ein Scheitern geben.
- Sie werden nicht zum Verfolger des Ratsuchenden, weil dieser Ihren Rat nicht befolgt.

Zum anderen stärkt es die Kräfte des Ratsuchenden:
- Der Ratsuchende lernt, wie man Probleme löst.
- Der Ratsuchende entwickelt Optionen und erweitert seinen Handlungsspielraum.
- Der Ratsuchende trifft eine begründete Entscheidung.
- Es ist seine Entscheidung. Ein Erfolg ist sein Erfolg.

Wie man berät, ohne zu raten

Für das professionelle Beraten empfehle ich ein Vorgehen in fünf Etappen. Jede Etappe setzt ein anderes Ziel. Bei jeder Etappe ist Ihre Aufgabe eine andere. Und jede Etappe hat ihre eigene Dramaturgie. Sie tun gut daran, jede Etappe zusammen mit dem Ratsuchenden erst gründlich durchzuarbeiten und abzuschließen, bevor Sie die nächste Etappe in Angriff nehmen. Jede Nachlässigkeit bei einer Etappe erschwert Ihnen das Arbeiten in den folgenden. Goethe hat wieder einmal Recht: »Wer mit dem falschen Knopfloch beginnt, kommt mit dem Ankleiden nicht zu Rande.«

> **Die fünf Etappen des Beratungsgesprächs**
>
> Etappe 1: Den Rahmen abstecken.
> Etappe 2: Das Anliegen klären.
> Etappe 3: Bisherige Lösungsversuche ermitteln.
> Etappe 4: Optionen entwickeln und prüfen.
> Etappe 5: Eine Entscheidung treffen und sichern.

Als Beratender müssen Sie in den Etappen folgendes Können unter Beweis stellen:

- In Etappe 1 bis 3: Fragen und zuhören, die Situation mit den Augen des Ratsuchenden sehen, strukturieren.
- In Etappe 4: Ideen haben, kreativ denken.
- In Etappe 5: Bilanz ziehen, Vereinbarungen treffen, vorausplanen.

In allen Phasen des Gesprächs sind Sie **Klärungshelfer**. Schwierige Situationen sind immer von Unklarheit verdunkelt. Das macht sie so schwer zu bearbeiten. Oft breitet sich die Unklarheit auch auf das Beratungsgespräch aus. Fantasien und Gefühlswirrwarr nehmen überhand. Wie im Nebel dreht man sich im Kreis, findet sich nach langem Hin und Her wieder am Anfang. Als Klärungshelfer wollen Sie erreichen, dass der Ratsuchende die verwickelte Situation entwirrt: »Was ist Realität, was Einbildung? Was möchte ich anders haben? Was bin ich bereit, dafür zu tun? Welche Möglichkeiten habe ich? Für welche entscheide ich mich? Wie will ich sie umsetzen?« Sie helfen dem Ratsuchenden auch, sich auf die eigenen Kräfte zu besinnen. Wegen der Misserfolge ist das Selbstwertgefühl angeknackst, das »Opfer« unterschätzt seine Kräfte. Ein Beratungsgespräch ist erfolgreich, wenn der Ratsuchende erkennt: »Ich habe mehr Ressourcen als ich geglaubt habe!«.

Die Ressourcen des Ratsuchenden

In diesem Ablauf sind Sie auch **Moderator**: Sie gestalten die Übergänge zwischen den Etappen. Sie machen dem Ratsuchenden bewusst, wann eine Etappe endet und eine neue beginnt.

Etappe 1: Den Rahmen abstecken

Zu Beginn definieren Sie zusammen mit dem Ratsuchenden den **Rahmen für das Gespräch.** Mit Ihrem »Ja« zur Bitte des Ratsuchenden ist eine Arbeitsgemeinschaft auf Zeit entstanden und es ist für die Kooperation hilfreich, wenn sich die Beteiligten zuerst einigen, was sie erreichen wollen. Wenn Sie diese Klärung versäumen, bleibt vieles im Ungewissen.

- **Vor dem Gespräch:** Was erwartet der Ratsuchende? Was ist der Berater bereit zu geben?
- **Während des Gesprächs:** Sind wir noch bei der Sache oder sind wir abgedriftet?
- **Am Ende des Gesprächs:** Ist der Zeitpunkt erreicht, dass wir abschließen können? Was haben wir erreicht, wo sind wir nicht weiter gekommen?

Eingangs dieses Kapitels habe ich geschildert, wie ein Seminarteilnehmer (TN) die Trainerin (TR) um ein Beratungsgespräch gebeten hat. Beim abendlichen Treffen kann sich das Abstecken des Gesprächsrahmens so anhören (Kommentare zum Methodischen stehen in Klammern):

Beispiel für Etappe 1   TR: »Wir starten jetzt ein Gespräch über ein Anliegen von Ihnen. Ich bin gespannt, was Sie mir erzählen werden. Zuerst möchte ich aber erfahren, was Sie von unserem Gespräch erwarten. Das hilft mir zu sehen, wo wir hinwollen. Also, stellen Sie sich vor, unser Gespräch wäre ein voller Erfolg. Was würden Sie dann mitnehmen?« (Schilderung der Situation, positive Stimmung schaffen, Vorgehen vorschlagen und begründen, konkrete Frage.)

TN: »Ja, ich gehe hier weg und weiß, was ich tun soll.«

TR: »Also eine Art Rezept?«

TN: »Genau. Eines, das wirkt.«

TR: »Was wäre denn die Wirkung?«

TN: »Ich würde wieder gerne ins Büro gehen.«

TR: »Was wäre dann anders dort?« (Das Ziel wird klarer.)

TN: »Ich hätte das Gefühl, dass die Kollegen wirklich Kollegen wären. Dass sie mich behandeln wie die anderen auch.«

TR: »Wie behandeln sie denn die anderen?« (Es zeichnen sich Merkmale einer guten Lösung ab.)

TN: »Man redet miteinander. Man kriegt Informationen. Man trifft sich mal zu einem Kaffee.«

TR: »Glauben Sie, dass wir ein solches Rezept finden?« (Überzogene Erwartungen bremsen, »wir«.)

TN: »Ihnen traue ich das zu.« (Helferfalle steht weit offen. Der Speck duftet.)

TR: »Trauen Sie es sich nicht zu?« (Falle vermieden. Appell an die eigene Verantwortung. Erkundung: Wie sieht der Betroffene seine Ressourcen?)

TN: »Nein, ich habe keine Idee mehr. Deshalb habe ich Sie ja angesprochen. Ich brauche einen Rat von Ihnen. Sie sind die Expertin.« (Erneute Einladung in die Helferfalle. Appell an das beschützende Eltern-Ich bei der Trainerin.)

TR: »Sie meinen, alleine kommen Sie nicht mehr weiter. Jetzt kann Ihnen nur ein Experte weiterhelfen. Und in mir sehen Sie so eine Expertin.« (Hält die Erwartung des Ratsuchenden noch einmal fest.)

TN: »Genau.«

TR: »Ich mache Ihnen einen Vorschlag: Wir versuchen, das Rezept zu finden, das Sie gerne hätten. Wir versuchen das gemeinsam. Ich habe eine Idee, wie wir dabei vorgehen und ich helfe Ihnen, Rezepte zu finden. Wofür Sie sich dann entscheiden, liegt bei Ihnen. Es geht um Sie, da sind Sie der Experte. Ist das in Ordnung für Sie: Ideen, aber keine Ratschläge von mir?« (Klare Abgrenzung der Beraterrolle. Kein Schritt in die Helferfalle.)

TN: »Muss ja wohl so sein.«

TR: »Ich würde gerne einen Zeitrahmen abstecken. Wenn ich morgen wieder fit sein soll, muss ich um 11.00 Uhr ins Bett. (Terminierung, kein Open-End.)

TN: »O.K. Danke, dass Sie sich die Zeit nehmen.«

TR: »Das wird auch unser einziges Gespräch zu diesem Thema sein. Das Seminar ist morgen zu Ende. (Schließt eine länger dauernde Beratungsbeziehung aus.)

TN: »Leider.«

TR: »So, jetzt haben wir den Rahmen. (Übergang zur nächsten Phase wird moderiert.) Jetzt brauche ich Ihre Hilfe, um in Ihr Anliegen hineinzukommen. Ich ziehe mir jetzt Ihre Schuhe an. Erzählen Sie alles, was ich wissen sollte, um mitarbeiten zu können. Rezepte suchen wir dann im nächsten Schritt.« (Der Ratsuchende kennt jetzt den Fahrplan.)

Etappe 2: Das Anliegen verstehen

Wenn das Beratungsgespräch beginnt, sind Sie noch nicht arbeitsfähig. Sie sind noch kein gleichwertiger Partner für den Ratsuchenden, um mit ihm gemeinsam eine tragfähige Lösung zu suchen. Noch ist allein der Ratsuchende Experte für das Anliegen. Er kennt die schwierige Situation. Er hat Erfahrungen gemacht und Gefühle erlebt. Er hat Versuche unternommen, sein Problem zu lösen und ist gescheitert. In ihm gibt es eine bunte Mischung aus Wahrnehmungen, Erinnerungen, Gefühlen, Erklärungen zu seinem Anliegen. Je mehr Sie davon erfassen, desto besser können Sie beraten.

Dazu müssen Sie fragen und zuhören. Ihre Neugier muss darauf gerichtet sein, das Anliegen mit den Sinnen des Ratsuchenden wahrzunehmen. Wieder heißt es (siehe Kapitel »Fragen«), die Mokassins des anderen anzuziehen. Das können Sie dem Ratsuchenden explizit mitteilen (siehe letzter Satz im obigen Dialog). Dann weiß er, dass Ihre Neugier dem Motiv entspringt, ihm besser helfen zu können.

Diese Gesprächsphase fordert den Beratenden ganz besonders. Hier gewissenhaft zu arbeiten, strengt an. Wenn Sie einen schlechten Tag erwischt haben oder müde sind, spüren Sie es in dieser Phase. Interessant ist, dass die Teilnehmer in meinen Seminaren diese Phase immer für die Leichteste halten (»Ich muss ja nur zuhören«), hier aber die meisten Fehler machen. Anstrengend ist,

- offen zu bleiben (»Weiß ich schon genug?«),
- zu erkennen und zu erfragen, was noch fehlt,
- die vielen Informationen zu behalten und zu ordnen.

Offen bleiben heißt, gegen das vorschnelle »Jetzt weiß ich Bescheid« anzukämpfen. Unser Gehirn ist darauf programmiert, Neues schnell zu Bekanntem zu machen, zu schematisieren und zu vereinfachen. Das spart Energie und gibt Kapazität frei für andere Aufgaben. Doch dieser Mechanismus ist schädlich in einer Phase, wo man als Berater möglichst ungefiltert wahrnehmen soll, was der Ratsuchende schildert. Nur wer offen ist, kann auch erkennen, wo noch etwas ungesagt blieb, was wichtig sein könnte. Gibt es in der Erzählung des Ratsuchenden noch weitere Akteure? Gibt es noch weitere Ereignisse? Gibt es noch Äußerungen, die etwas darüber aussagen, wie die Beteiligten die Situation sehen? Gibt es noch Gedanken und Gefühle, über die der Ratsuchende bisher nicht berichtet hat?

Folgende Techniken können in dieser Etappe des Gesprächs helfen:

- **Impulse zum Weiterreden:** »Und dann?«, »Wie ging es Ihnen, als …?«, »Wie hat sich das angehört?«, »Woran haben Sie gemerkt, dass …?«, »Wer war noch …?« oder »Da möchte ich gerne noch mehr erfahren.«
- **Spiegeln:** »Es fällt Ihnen schwer, …«, »Sie leiden unter …«, »Sie wissen nicht, wie …«, »Sie wollen nicht darüber reden, wie …«, »Sie fragen sich, …«
- **Festhalten:** »Ich habe bis jetzt Folgendes mitbekommen: …«, »Ich will mal zusammenfassen, was bei mir angekommen ist. Sagen Sie mir bitte, wenn etwas fehlt oder wenn etwas nicht stimmt.«
- **Notizen anfertigen:** »Ich schreibe mit, weil mir wichtig ist, was Sie berichten.«

Doch alle Technik ist vergebens, wenn Ihre innere Haltung nicht stimmt. Es ist die »akzeptierende Neugier«, wie sie im Kapitel »Fragen« beschrieben wird.

Wenn der Berater meint, ein klares Bild der Situation des Anliegens erworben zu haben, schließt er ab und moderiert die nächste Etappe an, etwa so:

»Ihre Schilderung hat mir geholfen. Jetzt kann ich mir gut vorstellen, in welcher Situation Sie stecken. Mir ist auch klarer geworden, was Sie mit Ihrem Anliegen meinen. Also ich fühle mich jetzt fit, mit Ihnen Ideen zu suchen, was Sie tun könnten. Eines sollten wir vorher noch klären: Welche Lösungen haben Sie denn schon ausprobiert und wie ist es gelaufen?«

Diese Moderation beim Übergang von Etappe 2 zu 3 macht deutlich, wo die beiden gerade stehen. Sie setzt auch wichtige Stimmungssignale für die Beratung: »Wir kommen weiter. Wir wissen, wie es weitergeht. Wir können es schaffen.«

Etappe 3: Bisherige Lösungsversuche ermitteln

Wie die Moderation am Ende des letzten Abschnitts gezeigt hat, beginnt jetzt die Lösungsphase mit den Etappen 3 und 4. Doch zuerst, in Etappe 3, bleiben Sie noch in der Rolle des aufmerksamen Zuhörers. Auch die Techniken bleiben die gleichen wie in Etappe 2. Sie recherchieren, was der Ratsuchende bereits unternommen hat, um sein Problem zu lösen und welche Erfahrungen ihm diese Versuche eingebracht haben.

Der Gewinn bei dieser Etappe: Sie erfahren, welche Karten der Ratsuchende schon gespielt hat. Sie sehen, wie er Probleme anpackt, wie er seine Ressourcen einsetzt, wie er Erfolg und Misserfolg attribuiert (siehe dazu das Beispiel im Kapitel »Erklären«, S. 40). Hat der Ratsuchende überhaupt schon etwas unternommen? Hat er andere um Rat gefragt? Was haben sie ihm geraten? Wie haben die Betroffenen auf seinen Lösungsversuch reagiert? Gibt der Ratsuchende sich oder anderen die Schuld daran, dass es nicht geklappt hat? Wie ist er zu der Einschätzung gekommen, dass der Versuch erfolglos war?

Wie in Etappe 2 bleiben Sie auch jetzt in der Haltung der »akzeptierenden Neugier«. Wenn Sie dagegen zuhören und insgeheim denken »Mein Gott, so hilflos/stur/naiv/faul/arrogant kann ein erwachsener Mensch doch gar nicht sein. Kein Wunder, dass der Probleme hat!«, haben Sie sich von der Beraterrolle verabschiedet. Schlimmer noch: Auch der Ratsuchende wird die Tür verschließen, denn Ratsuchende sind überaus sensibel dafür, ob man noch bei ihnen ist. Etwas in ihnen wartet sogar darauf, nicht verstanden zu werden.

In Etappe 3 bekommt der Ratsuchende einen Vorgeschmack davon, wie Sie später in Etappe 4 Ideen auf ihre Tauglichkeit prüfen. Deshalb sollten Sie die bisherigen Lösungsversuche, die Ihnen der Ratsuchende schildert, mit einer klaren Systematik besprechen:

Vorgehen in Etappe 3
- Was war damals die Idee des Ratsuchenden?
- Was wollte der Ratsuchende damit erreichen?
- Wie hat er konkret gehandelt?
- Was hat sich als Folge seines Tuns ereignet?
- Wie hat der Ratsuchende dieses Ereignis erklärt?
- Was hat er daraus gelernt?

Lassen Sie den Ratsuchenden erst einmal ungestört berichten, was er schon unternommen hat. Fragen Sie erst dann nach, wenn Ihnen zum einen oder anderen Punkt noch Informationen fehlen. Machen Sie wieder Notizen und fassen Sie das Ganze kurz zusammen, bevor Sie nun in Etappe 4 mit der Suche nach neuen Ideen beginnen.

Etappe 4: Optionen entwickeln und prüfen

Ratsuchende haben einen **Tunnelblick**. Oft haben sie noch gar keinen Versuch unternommen, etwas zu ändern.

Oder sie erkennen zwar eine Möglichkeit, sehen sich aber außer Stande, sie auszuführen. »Ich weiß, ich müsste kündigen. Aber dann sitze ich auf der Straße.« »Ich weiß, eine Trennung von meinem Partner wäre das Beste, aber dann bin ich allein.« »Ich weiß, ich müsste meinem Kollegen klaren Wein einschenken, aber das könnte ihn verletzen.« Psychologen nennen das einen **Minus-Minus-Konflikt**: »Wenn ich nichts tue, leide ich. Wenn ich etwas tue, leide ich auch.« Wie das Kaninchen vor der Schlange sitzen diese Personen vor dem Dilemma und wissen nur, dass es so nicht weitergehen kann. Gefragt sind Optionen:

- Was könnte ich tun, das ich bisher nicht getan habe?
- Wie könnte ich etwas, das ich schon getan habe, mit mehr Aussicht auf Erfolg tun?
- Welche Ressourcen könnte ich nutzen, die ich noch nicht bedacht habe?
- Wie könnte sich die Situation verbessern, ohne dass ich etwas mache?

Fragen, um Optionen zu finden

Das sind Suchrichtungen, mit denen man wie mit einer Wünschelrute Material finden kann. Je mehr Material entdeckt wird, desto größer die Auswahl für den Ratsuchenden. Der Tunnelblick ist in dieser Etappe Ihr eigentlicher Gegner. Er verführt den Ratsuchenden dazu, die Hände resigniert in den Schoß zu legen und die Suche nach Optionen Ihnen zu überlassen. Wenn Sie dann wie ein eifriger Jagdhund eine Option nach der anderen apportieren, meldet sich der Tunnelblick und lässt den Ratsuchenden sagen: »Das klappt nicht.« Gegen den mies machenden Tunnelblick helfen Techniken wie diese:

- **Verfremdung:** »Nehmen wir an, Ihr Fall würde verfilmt. Wir sind die Drehbuchautoren. Dem Produzenten passt das Skript nicht. Was könnten wir unseren Hauptdarsteller anders machen lassen?«
- **Perspektivenwechsel:** »Versetzen Sie sich in Ihren Kollegen, mit dem Sie Probleme haben. Mit welchem Verhalten von Ihnen würde er auf keinen Fall rechnen? Was könnte ihn wirklich überraschen?«
- **Trennen von Sammeln und Bewerten:** »Halten wir es doch wie beim Beeren sammeln. Erst pflücken, das Aussortieren kommt später.«

Techniken für Etappe 4

- **Neue Ressourcen suchen:** »Gibt es Personen, die man einbinden kann? Gibt es Stärken, Vorteile, Interessen, mit denen man arbeiten kann? Gibt es juristische oder vertragliche Optionen?« (Hier helfen die Informationen, die Sie in der Etappe 2 über die Situation erfahren haben.)
- **Testing the limits:** »Was wäre das Schlimmste, was Ihnen passieren könnte, wenn Sie etwas unternehmen? Was wäre das Schlimmste, was passieren könnte, wenn Sie nichts unternehmen?«

In dieser Phase 4 legen Sie ein neues Programm ein. Aus dem fragenden Zuhörer der Etappen 1 bis 3 werden Sie jetzt zum Erfinder, der Wege sucht, wie man dem Problem intelligent beikommt. Doch auch hier gilt es, die Ungeduld im Zaum zu halten. In der Etappe 2 meldete sich diese Ungeduld mit »Alles klar. Ich weiß jetzt genug.« Jetzt, bei der Suche nach Lösungen zeigt sich die Ungeduld in der vorschnellen Gewissheit: »Ich habe es! Das ist die Lösung.« Diese Gewissheit ist so verlockend, weil sie nur Positives verspricht: Stolz beim Berater, Erleichterung beim Ratsuchenden, Erlösung beider von der Arbeit. Doch in Wirklichkeit war der Speck der Helferfalle wieder einmal zu verlockend. Denn nicht Sie haben zu entscheiden »Das ist die Lösung«, sondern der Ratsuchende. Damit dieser aber entscheiden kann, müssen Optionen bereit gestellt werden. Wenn Sie sagen »Das ist die Lösung«, gibt es keine Optionen mehr.

Wenn alle Möglichkeiten gesammelt sind, gilt es, den Ratsuchenden für die Entscheidung (Etappe 5) arbeitsfähig zu machen. Der Ratsuchende soll bei jeder Option klar die möglichen **Folgen, die Vorteile und Nachteile, die Gewinne und Kosten** sehen. Hilfreich sind Fragen wie diese:

Beispiele für Fragen zur Realität

- Wie würde es konkret aussehen, wenn ich die Option ausführen würde?
- Was würde dann passieren?
- Womit hätte ich bei dieser Option Probleme, was würde mir liegen?

Bei dieser Prüfung der Optionen helfen Ihnen Ihre Aufzeichnungen. Sie verhindern, dass eine Option unter den Tisch fällt. Auf dem Papier können Sie auch mögliche Verläufe skizzieren. (Besser als ein Blatt Papier wäre ein Flipchart, weil beide es von ihrem Platz gut lesen können.)

Beispiel für die Überleitung zu Etappe 5

Die Liste mit den Optionen legen Sie dem Ratsuchenden vor und moderieren Etappe 5 an: »Wir sind wieder ein gutes Stück weitergekommen. Wir haben Optionen gefunden und geprüft. Drei sind übrig geblieben. Jede hat ihre Vor- und Nachteile. Doch jede ist eine Chance für Ihr Anliegen. Jetzt müssen Sie entscheiden. Welche wollen Sie in die Tat umsetzen?«

Etappe 5: Eine Entscheidung treffen und sichern

Diese letzte Etappe entscheidet darüber, ob Ihre Beratung er-folg-reich ist oder nicht. Erfolgreich ist sie, wenn am Ende eine **Vereinbarung** steht, die der Ratsuchende entschlossen um-setzen möchte. Es sollte eine Vereinbarung mit sich selbst sein. Doch eine zusätzliche Vereinbarung mit dem Berater (»Ich rufe Sie am Dienstagvormittag an und erzähle Ihnen, wie es gelaufen ist«) baut noch eine weitere Sicherung ein.

Wenn der Ratsuchende sich entscheiden soll, macht er oft einen letzten Versuch, doch noch auszubüchsen: »Ich kann mich einfach nicht entscheiden. Was würden Sie an meiner Stelle tun?« So kurz vor dem Abschluss tappt dann mancher Berater, manche Beraterin doch noch in die Helferfalle. Weil sie sich geschmeichelt fühlen, dass man sie fragt. Weil sie im Stillen längst eine Option auserkoren haben. Weil sie es gut mit dem Ratsuchenden meinen. Weil sie froh sind, zum Ende zu kommen. Weil sie keine Lust mehr haben, sich an Beraterregeln zu halten. Weil sie nicht sehen, dass sie in die Fall gehen. Fallen Sie also nicht herein auf die Frage »Was würden Sie an meiner Stelle tun?«, sondern antworten Sie »Ich bin nicht an Ihrer Stelle!«.

Ziel ist eine Vereinbarung

Wenn der Ratsuchende sagt: »Aber ich kann mich nicht entscheiden.«, dann sollten Sie in zwei Stufen versuchen, Realität deutlich zu machen.

- **Stufe 1:** »Was fehlt Ihnen dazu?«, »Wo sind Sie noch unsicher?«
- **Stufe 2:** »Wenn Sie sich jetzt nicht entscheiden, wie geht es dann weiter?«

Mit der ersten Frage erfahren Sie, wo der Knoten beim Ratsuchenden wirklich sitzt. Die zweite Frage konfrontiert den Ratsuchenden mit der Realität seines Anliegens.

Beispiel

Wenn trotzdem keine Entscheidung zustande kommt, halten Sie das fest und schließen die Beratung ab: »Sie können sich für keine Option entscheiden. Die Gründe haben Sie genannt. Dann beenden wir jetzt unser Gespräch zu Ihrem Anliegen. Wir haben uns Mühe gegeben und immerhin drei Optionen ent-wickelt. Es war spannend, an Ihrem Anliegen zu arbeiten. Wo sehen Sie sich jetzt, nach unserem Gespräch?« Die letzte Frage fokussiert noch einmal auf den Ratsuchenden und regt ihn an, selbst Bilanz zu ziehen. Der Berater sagt nichts mehr dazu. Das letzte Wort hat der Ratsuchende.

Doch wenn alles gut läuft, entscheidet sich der Ratsuchende für eine Option. Jetzt sind Sie Helfer beim **Sichern der Entscheidung**. Sportler praktizieren mentales Training, bevor sie den Wettkampf beginnen. Diese Technik können auch Sie einsetzen. Regen Sie den Ratsuchenden an, sich in allen Einzelheiten vorzustellen, wie er seine Entscheidung umsetzt. Er soll die Szene im Kopfkino sehen. Wieder am Beispiel der Trainerin, die von einem Teilnehmer um Rat gefragt wurde:

Beispiel für das Sichern der Entscheidung

TR: »Welchen Tag haben wir, wenn Sie Ihre Entscheidung umsetzen?«
TN: »Montag nächster Woche.«
TR: »O.K. Starten wir den Film.«
TN: »Ich sitze im Büro, nehme das Telefon und rufe Herrn Redwitz an.«
TR: »Wie haben Sie sich vorbereitet?«
TN: »Ich habe das Gespräch vorher mit meiner Frau durchgespielt.«
TR: »Herr Redwitz meldet sich.«
TN: »Ich sage: Herr Redwitz. Ich habe darüber nachgedacht, wie wir besser zusammenarbeiten könnten. Das ist mir sehr wichtig. Ich habe einige Ideen. Können wir uns diese Woche treffen? Ich würde Sie gerne auf einen Kaffee bei mir im Büro einladen. Wann passt es Ihnen?«
TR: »Was sagt Redwitz?«

Wenn der Ratsuchende es möchte, kann die Trainerin mit ihm auch ein Stegreif-Rollenspiel durchführen. Sie spielt dann den Kollegen Redwitz.

Diese mentale Vorbereitung auf den Ernstfall hat mehrere Vorteile:
● Dem Ratsuchenden wird die neue Option zunehmend vertraut.
● Er entwickelt Zuversicht, dass diese Option erfolgreich sein könnte.
● Er sieht schon im Vorfeld, wo es vielleicht zu Schwierigkeiten kommen könnte und hat die Gelegenheit sich darauf vorzubereiten.
● Die Konkretisierung schafft schon Fast-Realität. Der Abstand zum wirklichen Ausführen wird kleiner.

Zum Kopfkino gehören auch die Gefühle. In dieser letzten Etappe der Beratung werden die positiven Gefühle als **Ressourcen** gebraucht. Fragen Sie während der mentalen Vorbereitung: »Wie geht es Ihnen jetzt, nach dem fiktiven Gespräch mit Herrn Redwitz?«, »Gibt es etwas, worauf Sie stolz sind?«, »Was wäre Ihnen entgangen, wenn Sie Herrn Redwitz nicht angerufen hätten?«.

Hier ein zusammenfassender Überblick über die fünf Etappen und zur Rolle des Beraters in jeder Etappe.

Systematik eines Beratungsgesprächs

Etappen	Einzelne Schritte	Rolle des Beraters
1. Rahmen abstecken	<ul><li>Was erwartet der Ratsuchende?</li><li>Wie definiert er sein Anliegen?</li><li>Wozu ist der Berater bereit?</li><li>Wie lange soll das Gespräch dauern?</li></ul>	<ul><li>Er fragt nach Erwartungen;</li><li>klärt die Situation und die Beziehung.</li></ul>
2. Anliegen klären	<ul><li>Was ist das Problem?</li><li>Wie erlebt es der Ratsuchende?</li><li>Was hat sich ereignet?</li><li>Wer ist alles am Problem beteiligt?</li><li>Wie erleben diese Beteiligten das Problem? Wie agieren sie?</li></ul>	<ul><li>Er fragt neugierig akzeptierend;</li><li>erfragt fehlende Informationen;</li><li>hört aufmerksam zu (Notizen);</li><li>schlüpft in die Mokassins des anderen.</li></ul>
3. Bisherige Lösungsversuche ermitteln	<ul><li>Was hat der Ratsuchende schon getan?</li><li>Mit welchen Folgen?</li><li>Wie erklärt er die Folgen?</li></ul>	
4. Optionen finden und prüfen	<ul><li>Was könnte der Ratsuchende tun?</li><li>Wie würde dieses Tun konkret aussehen?</li><li>Welche Folgen könnte es haben?</li><li>Will der Ratsuchende diese Folgen?</li></ul>	<ul><li>Er animiert zum kreativen Denken;</li><li>setzt Kreativmethoden ein;</li><li>steuert Ideen bei;</li><li>konkretisiert die Ideen;</li><li>notiert die Ideen.</li></ul>
5. Entscheidung treffen und sichern	<ul><li>Für welche Option entscheidet sich der Ratsuchende?</li><li>Wie und wann will er sie umsetzen?</li><li>Will er vorher noch üben?</li><li>Wird er den Berater danach informieren?</li></ul>	<ul><li>Er fordert den Ratsuchenden zu einer Entscheidung auf;</li><li>konkretisiert die Entscheidung;</li><li>trifft eine Vereinbarung.</li></ul>

Wenn der Berater »Nein« sagt

Wenn Sie eine Beratungsanfrage annehmen, gehen Sie eine Verpflichtung ein. Manchmal gibt es gute Gründe, die Beratung abzulehnen:

- Sie überfordert Ihre Kompetenzen.
- Sie verlangt ein Engagement, das Sie nicht investieren möchten.
- Sie verträgt sich nicht mit Ihrer Arbeit als Lehrer, Kursleiter, Trainer.

Im Beispiel der Trainerin, die dem Seminarteilnehmer ein Beratungsgespräch zum Thema »Ich habe Probleme mit meinen Kollegen« angeboten hat, könnten alle drei Gründe vorliegen.

Wann man »Nein« sagen müsste

- **Fehlende Kompetenz:** Im Gespräch kann sich das Thema als Problem entpuppen, bei dem nicht Psychologie, sondern anderes Fachwissen gefragt ist. Wenn die Ursachen zum Beispiel in unklaren Strukturen liegen, wäre eine Organisationsentwicklerin die bessere Beraterin.
- **Begrenzte Bereitschaft zum Engagement:** Was tun, wenn der Teilnehmer sich nach dem Seminar wieder mit der Trainerin in Verbindung setzt? Vielleicht ruft er sie an und berichtet, dass die von ihm gewählte Option nicht den erwarteten Erfolg gebracht hat und jetzt ein neues Problem aufgetaucht ist. Was sie dazu meine, wo sie doch die Situation so gut kenne und er solches Vertrauen in sie habe?
- **Probleme für die pädagogische Arbeit:** Die freiwillige Beratung eines Schülers oder eines Teilnehmers außerhalb des Arbeitskontextes darf nicht die Arbeit im Klassenzimmer, Kurs oder Seminar stören. Das kann jedoch schneller eintreten, als Ihnen lieb ist. Wenn etwa andere Teilnehmer beobachten, dass sich die Trainerin einem Teilnehmer intensiv unter vier Augen widmet, weckt das bisweilen Fantasien, selbst wenn der Teilnehmer den anderen sagt, worum es ging. Eine Fantasie wäre: »Wenn ich mit meinem Problem zur Trainerin komme, wird sie sich meiner ebenso annehmen?« Eine andere: »Was hat dieser Teilnehmer nur, dass sich die Trainerin so um ihn kümmert?« Dann ist dieser Teilnehmer zu einem »besonderen« Teilnehmer geworden, und dies beeinflusst möglicherweise die Arbeit im Seminar.

Solche Befürchtungen mögen nach übertriebener Vorsicht klingen. So übertrieben wie in folgender Anekdote (dem Lieblingswitz von Friedrich Dürrenmatt):

Zwei Fahrgäste fahren im Zug von Cernowitz nach Berlin. Die Reise wird zwei volle Tage dauern. Nach einer Stunde fragt der Jüngere: »Können Sie mir sagen, wie viel Uhr es ist?« Der Ältere antwortet nicht. Nach einer weiteren Stunde die gleiche Frage. Wieder keine Antwort. Nach einer Stunde die Frage zum dritten Mal. Darauf sagt der Ältere: »Hören Sie: Wenn wir jetzt zu reden anfangen, dann kommen wir ins Gespräch. Zuerst reden wir über das Wetter, dann über Politik, dann werden wir immer privater, und am Ende, wenn wir in Berlin ankommen, werden wir Freunde sein. Sie werden meine Frau und meine Tochter kennen lernen, wenn sie mich am Bahnhof abholen. Und sie werden sich in meine Tochter verlieben – aber glauben Sie, ich gebe meine Tochter einem Mann, der nicht einmal eine Uhr hat?«

Pädagogen wären auf der sicheren Seite, wenn Sie bei Beratungsangeboten ebenso vorsichtig wären. Unangenehm ist es nämlich, erst »Ja« zu sagen und später, wenn einem die Last der Beratung über den Kopf wächst, auf »Nein, jetzt nicht mehr« umschalten zu müssen. Hätte man doch die Beratung gar nicht erst begonnen! Doch wie kann man ein »Nein« so formulieren, dass man sich dabei nicht schlecht fühlt? Eine **Ablehnung** muss zwei Merkmale aufweisen:

- Das Nein muss **eindeutig** sein.
- Das Nein muss **nachvollziehbar** sein.

Das erste tun Sie für sich, das zweite für den Ratsuchenden. Eindeutigkeit ist das Wichtigste: Wenn Sie sich zu einem »Nein« entschieden haben, dürfen Sie auch nicht den kleinsten Türspalt offen lassen. Wenn Sie »Nein« meinen, müssen Sie »Nein« sagen. Auch wenn es schwer fällt. Ein »Vielleicht« ist ein halbes »Ja«. Schlecht, sowohl für den Berater wie für den Ratsuchenden, sind wachsweiche Formulierungen wie »Ich würde Ihnen ja gerne helfen, aber ...«, »Ein anderes Mal gerne, aber jetzt ...«, »Ich weiß noch nicht, ob ich Zeit habe. Schauen wir, wie es morgen aussieht.« Entweder der Ratsuchende riecht die faule Ausrede. Dann nimmt er Sie nicht mehr ernst. Oder er nimmt die Ausrede wörtlich, dann sind Sie in der Klemme. Denn der Ratsuchende wird einen neuen Anlauf nehmen. Irgendwann hat er Sie so weit, dass Sie klein beigeben oder Farbe bekennen und sich zum Nein durchringen. Dann hat der Ratsuchende Grund, beleidigt zu sein. Und Sie fühlen sich schlecht.

Richtig »Nein« sagen

Wie Sie Ihr »Nein« formulieren, hängt von der Situation und Ihrem Naturell ab. Ich habe mir folgende Antwort zurechtgelegt: »Sie haben ein Anliegen, das außerhalb unseres Seminarthemas liegt. Da steige ich in keine Beratung ein. Das ist seit vielen Jahren ein Prinzip für mich. Es hat nichts mit Ihnen persönlich zu tun. Bitte haben Sie Verständnis.« Wenn ich die Möglichkeit sehe, biete ich an, das Anliegen in das Seminar zu integrieren. Vielleicht passt es ja zu einem Abschnitt des Seminars gut als Fallmaterial. Oder ich rege eine kollegiale Beratung durch andere Seminarteilnehmer an: »Wenn Sie möchten, können wir im Seminar fragen, ob es Teilnehmer gibt, die Ihr Anliegen interessiert, vielleicht weil sie ein ähnliches Problem haben oder weil sie Ihnen helfen wollen. Dann können Sie sich ja zusammensetzen.« Konsequent ist, dass ich an diesem Treffen nicht teilnehme.

Natürlich lehne ich als Trainer oder Kursleiter Beratung nicht prinzipiell ab. Aber das Problem muss mit dem Seminar zu tun haben. Dann halte ich mich an die Systematik des Beratungsgesprächs, wie sie geschildert wurde. Ich versuche zu beraten, ohne einen Rat zu geben.

Tipps zum Üben

● Üben Sie mit einem Partner ein Gespräch nach dieser Systematik. Sie können sich dafür ein Anliegen ausdenken oder besser Ihren Partner bei einem echten Anliegen beraten. Wie hat Ihr Partner Sie als Berater erlebt? Wo gab es Schwierigkeiten? Was nehmen Sie sich vor?
● Haben Sie als Berater schon Erfahrungen mit der Helferfalle gemacht? Stellen Sie sich die Situationen noch einmal lebendig vor. Was würden Sie heute anders machen?
● Spielen Sie Situationen durch, in denen Sie entscheiden, sich nicht auf eine Beratungssituation einzulassen. Wie würden Sie Ihr Nein formulieren? Sprechen Sie die Sätze laut aus. Probieren Sie so lange, bis Sie sich sicher fühlen.

Kapitel 6:
Feedback geben

Prüfen Sie, ob »Feedback geben« ein Thema für Sie ist.

Welchen Sätzen stimmen Sie zu?

- Beim Feedback muss man immer mit Positivem beginnen, bevor man etwas Kritisches sagt.
- Ich habe mit ehrlichem Feedback schlechte Erfahrungen gemacht. Die meisten Menschen wollen nur, dass man sie lobt. Kritisches nehmen sie gar nicht an.
- Feedback gehört in ein Vier-Augen-Gespräch. Ich würde das nie vor der Klasse oder im Seminar geben.
- Feedback ist hilfreich für junge Menschen. Wenn ich einem Erwachsenen mit einem Feedback komme, denkt der, ich wolle an ihm herummodeln.

Wenn Sie auch nur einer Aussage zustimmen, lohnt es sich weiterzulesen.

»Mir ist etwas aufgefallen ...«

Beim Beraten geht die Initiative vom Ratsuchenden aus: Er spricht einen möglichen Ratgeber an und schildert sein Problem. Beim Feedbackgeben ist die Situation meistens anders: Hier sucht der Lehrer, Kursleiter, Trainer das Gespräch mit einem Schüler oder Teilnehmer, weil er ihm eine Beobachtung mitteilen möchte: »Mir ist da etwas aufgefallen. Ich würde gerne mit Ihnen darüber reden.« Zwei Beispiele:

Beispiele für Feedback-Anlässe

Eine Teilnehmerin hat die Angewohnheit, ihre Beiträge in die Länge zu ziehen, indem sie ein Argument mehrmals wiederholt. Die anderen schalten schon ab, wenn sie wieder zu Wort kommt. Die Trainerin wird zunehmend nervös. Sie beschließt, mit der Teilnehmerin zu sprechen.

Eine Schülerin verhält sich seit einiger Zeit merkwürdig. Sie ist unkonzentriert, meidet den Kontakt mit Mitschülern, vernachlässigt ihr Äußeres, kommt öfter zu spät. Der Lehrer entschließt sich, sie anzusprechen.

In der Beratungssituation müssen Sie zuerst Kontakt mit dem Problem bekommen und sich in den Probleminhaber hineinversetzen. Dann entwickeln Sie gemeinsam Lösungsmöglichkeiten, aus denen sich der Ratsuchende eine aussucht und umsetzt (siehe dazu die Beschreibung der fünf Etappen im Kapitel »Beraten«). Beim Feedback ist das Drehbuch anders: Sie berichten etwas und der Feedback-Nehmer steht vor der Aufgabe, sich in Ihre Mitteilung hineinzudenken. Ziel ist es nicht, eine Lösung zu finden wie beim Beraten. Hier geben sie »nur« ein Feedback; was der Empfänger damit macht, ist seine Entscheidung.

Als Feedback-Geber sind Sie in einer ähnlichen Rolle wie als Vortragender. Im Feedback wie beim Vortrag teilen Sie etwas so mit, dass der Empfänger etwas für ihn Bedeutsames daraus herstellen kann. Im Kapitel »Vortragen« habe ich Vortragen mit Schenken verglichen. Auch ein Feedback ist ein **Geschenk**. Allerdings ein Geschenk, das dem Geber wie dem Empfänger Kopfschmerzen bereiten kann. Die Feedback-Situation ist wie dünnes Eis. Sie können jederzeit einbrechen. Das liegt am Geschenk: Das Feedback sagt etwas über einen Menschen aus. Und Menschen sind sehr neugierig, aber auch schrecklich empfindlich, wenn es um sie selbst geht.

Feedback ist ein Geschenk

»Du liebe Güte, bin ich das?«

In einer Zeit, als es noch keine Fotoapparate gab, war man auf Spiegel angewiesen, wenn man sich sehen wollte. Doch Spiegel zeigen nicht alles. Wenn man nicht mit Tricks arbeitet, sieht man sich nur von vorne. Und man weiß, dass man gerade in den Spiegel schaut. Die meisten Personen zeigen dann eine spezielle Mimik und Körperhaltung. Mimik leicht angespannt, eine Augenbraue etwas höher, Mund geschlossen, starrer Blick. Haltung aufrecht, straff, Arme am Körper. Man selbst bemerkt das nicht, Außenstehende sehr wohl. Beim Anprobieren im Textilgeschäft sagt dann die Ehefrau: »Egon, steh' doch nicht so komisch da.« Jeder hat auch seinen besonderen Kamerablick, wenn er oder sie weiß, jetzt wird geknipst oder gefilmt. Der Kamerablick ist anders als der Spiegelblick. In die Kamera wird gelächelt. Man präsentiert die Schokoladenseite. Denn im Spiegel schaut man sich selbst an, von der Kamera wird man angeschaut.

Interessant ist, wenn man abgelichtet wird, ohne es zu bemerken. Jetzt zeigt die Kamera mehr als der Spiegel. Deshalb sind die Resultate oft so verblüffend. Die Kamera zeigt mich aus Perspektiven, die ich vom Spiegel und den frontalen Aufnahmen nicht kenne. Sie ertappt mich in Körperhaltungen, die ich vor dem Spiegel nicht einnehme. Das Licht fällt anders als im Spiegel. Ovid beschreibt in »Metamorphosen« wie der schöne Jüngling Narcissus sich in sein Spiegelbild im Teich verliebt. Er weiß nicht, dass er sich selbst erblickt und versucht vergeblich, den Geliebten im Wasser zu greifen. Der Liebeswahn kostet ihn das Leben, zumindest das menschliche, denn er lebt ja als Blume fort. Vor solchen Trugbildern sind wir gefeit. Wenn wir heute Fotos oder Videos von uns sehen, wissen wir genau, dass wir das sind. Und was wir sehen, finden wir gar nicht zum Verlieben. Stattdessen sind wir erschüttert und fragen: »Was, sehe ich wirklich so aus?!« Diese Frage stellen wir natürlich nur insgeheim. Nach außen geben wir uns unbeeindruckt: »Hmm, interessant.«

Feedback geben ist wie ein Video schildern

Als Empfänger von Feedback kann man das Gleiche erleben wie beim Betrachten der eigenen Person auf Fotos und Videos. Feedback kann ebenso Informationen über Seiten vermitteln, die man bislang an sich nicht gesehen hat. Wie bei Fotos und Videos kann man den Selbstbild-Schock erleben, das Fremdheitsgefühl: »Das bin ich?«

Kommunikationstrainer vergleichen das Feedback gerne mit einem Spiegel. Als Feedback-Geber halte man dem anderen einen Spiegel vor. Aber dieser Vergleich überzeugt mich nicht. Im Spiegel sehe ich, wie ich mich in diesem Augenblick verhalte. Ich sehe, was ich schon kenne. Und der Spiegel ist stumm. Er führt mir nicht vor, wie ich mich anhöre. Deshalb vergleiche ich das Feedback mit einem Video. Es ist, als hätte ich einen Ausschnitt aus dem Verhalten des anderen aufgenommen und zeigte ihm jetzt das Resultat. Eine kurze Sequenz, einen Videoclip. Das Video existiert allerdings nur in meinem Kopf. Ich muss es in Worten beschreiben. Wie ein Reporter.

Fehler beim Feedback vermeiden

Die Analogie »Ich schildere ein kurzes Video« hilft Ihnen, typische Fehler beim Geben von Feedback zu vermeiden.

- **Das Feedback fällt nicht mehr pauschal aus.** Ein Video lässt sich nicht pauschal schildern. Es gelingt nur, wenn Sie die Details beschreiben: Details zum Verhalten des Feedback-Empfängers, zur Situation, zu anderen beteiligten Personen, zum Verlauf. Das Beschreiben zwingt Sie, genau zu sein.
- **Das Feedback enthält keine Bewertungen und Deutungen mehr.** Wenn Sie ein Video in Worte fassen müssen, werden Sie nur beschreiben. Sie schildern, was Sie gesehen und gehört haben. Sie kommen gar nicht in die Versuchung, darüber zu reden, was Ihnen gefällt oder missfällt. Oder sich den Kopf zu zerbrechen, was die Akteure Ihres Videos denken, fühlen, wollen.
- **Das Feedback ist nicht mehr geschönt.** Wenn Sie sich darauf konzentrieren, nur zu beschreiben, was Sie aufgezeichnet haben, denken Sie nicht darüber nach, was der andere hören möchte. Sie agieren in diesem Augenblick ja »nur« als Reporter, nicht als Lehrer, Freund, Kollege, Therapeut.

Auf den Ausschnitt kommt es an

Es würde Sie und den Feedback-Empfänger sinnlos strapazieren, wenn Sie ein Video von mehreren Minuten Länge schildern wollten. Für das Feedback muss eine kurze Sequenz gefunden werden. Die können Sie in Ihrem Gedächtnis genau abspeichern und dann beim Feedback präzise beschreiben, ohne dass es zu viel wird.

Den Ausschnitt für ein Feedback sollten Sie danach auswählen, ob er etwas enthält, was für den Feedback-Empfänger neu ist. In Trainings zum Thema Feedback spricht man vom **blinden Fleck**. Tatsächlich gibt es Vieles, das man an sich selbst nicht bemerkt, die anderen aber sehr wohl. Das gilt vor allem für die Körpersprache. Man ist sich nicht bewusst, dass man den anderen beim Sprechen nicht anschaut, dass man minutenlang am Kugelschreiber kaut, dass man eine verbitterte Miene macht. Wenn der Empfänger über einen blinden Fleck etwas erfährt, ist er immer überrascht: »Das gibt es doch nicht. Warum hat mir das noch niemand gesagt?« Die Antwort liegt auf der Hand: Weil es Gründe gibt, es sich gut zu überlegen, bevor man sich auf das Wagnis einlässt, jemanden ein Feedback zu geben.

»Warum hat mir das niemand gesagt?«

Es menschelt beim Feedback

Beim Feedback bekommt man ein Fremdbild zu hören. Das ist ein Moment der Anspannung, weil jeder ein »erwünschtes Fremdbild« erhofft und sich gezielt so verhält, dass er es bekommt. Befragungen zeigen, dass die meisten Menschen gerne als großzügig, intelligent, tolerant, erfolgreich, humorvoll, sympathisch wahrgenommen werden möchten. Wenn sie ein Feedback erhalten, das dieses erwünschte Fremdbild ins Wanken bringt, setzen sofort Strategien ein, um es doch noch zu retten. Der Soziologe Erving Goffman spricht von **Eindrucksmanagement** (Goffman 1973). So zeigt man sich bei einem negativen Feedback selbstkritisch (»Da war ich wohl wieder mal zu vorlaut«), beschämt (»Tut mir Leid, dass ich so vorlaut war«), oder sucht eine Entschuldigung (»Ich wollte nicht vorlaut sein. Aber wenn man engagiert ist, sagt man schnell mal etwas halb Fertiges«). Im Grunde will man damit sein Wunschbild beim Feedback-Geber retten und ihm mitteilen: »Was du an mir beobachtet hast, war eine Ausnahme. In Wirklichkeit bin ich ganz anders.«

Ist das Feedback positiv, versucht man sorgfältig jeden Eindruck zu vermeiden, man sei etwa stolz auf sich. Stolz, Eitelkeit, Selbstzufriedenheit gelten als sozial unerwünscht, deshalb sagt man: »Jetzt übertreiben Sie aber« oder

»Danke, dass Sie es so gut mit mir meinen.« So wird, nach Goffman, der Eindruck »gemanagt«, man sei ein liebenswert bescheidener Zeitgenosse. Dieses Eindrucksmanagement im Zusammenhang mit einem Feedback wird noch ausgeprägter sein, wenn mehrere Personen anwesend sind, die einem etwas bedeuten. Das aber ist die Regel beim Feedback in Kursen, Seminaren und Klassenzimmern.

Dass Feedback in einer direkten sozialen Situation stattfindet, macht es oft so vertrackt. Die sozialen Mechanismen mischen sich ein und bringen alles durcheinander. Verständlich, dass viele Pädagogen ihr Feedback-Verhalten im Laufe Ihres Berufslebens auf ein kümmerliches Restrepertoire gestutzt haben. Es besteht nur noch aus Brocken wie »Gut«, »Könnte besser sein«, »Geht so«. Oder sie schieben die Verantwortung ab und fragen den Teilnehmer »Wie fanden Sie sich denn?« oder die Zuseher »Was meinen die anderen dazu?«. Dann reicht als letztes Wort »Sehe ich im Großen und Ganzen auch so.«

Es menschelt beim Feedback-Geber wie beim Feedback-Nehmer. Dilemmata tun sich auf. Der Geber will ehrlich sein, aber nicht verletzen. Der andere will die Wahrheit wissen, aber sich keine Blöße geben. Deshalb wird geschont und abgewiegelt, entschuldigt und angezweifelt (»War das wirklich so? Die anderen haben es aber nicht so empfunden.«).

Es kommt zu unpassenden Drehbüchern: Der Feedback-Geber verfällt allzu gerne ins Eltern-Drehbuch, der Feedback-Nehmer wird unversehens zum Kind.

Die falschen Drehbücher für Feedback

- **Feedback-Geber im kritischen Eltern-Drehbuch:** »Das hätte ich nicht von Ihnen erwartet. Sie haben mich enttäuscht. Da müssen Sie sich ändern.«
- **Feedback-Geber im fürsorglichen Eltern-Drehbuch:** »Das hätte noch etwas besser sein können. Aber machen Sie sich da keine Sorgen. Das kriegen wir schon hin. Ich verspreche es Ihnen.«
- **Feedback-Nehmer im trotzigen Kind-Drehbuch:** »Warum werde ich immer kritisiert? Es war doch nicht alles schlecht, was ich gemacht habe!«
- **Feedback-Nehmer im hilflosen Kind-Drehbuch:** »Und ich habe mir so viel Mühe gegeben. Ich schaffe das nie!«
- **Feedback-Nehmer im kritischen Eltern-Drehbuch:** »Mit Ihrem Feedback kann ich überhaupt nichts anfangen!«

Wenn der eine auf das Drehbuch des anderen reagiert, kann ein simples Feedback unversehens eine komplizierte Dynamik in Gang setzen.

Das professionelle Feedback

Ziel des professionellen Feedbacks ist es, dass es den Feedback-Nehmer stärkt und dass es Lernen in Gang setzt. Positives Feedback stärkt ihn, weil es bestätigt, dass sein Verhalten erfolgreich ist. Kritisches Feedback verunsichert momentan, aber macht langfristig stärker, weil es die Chance gibt, besser zu werden. Um dieses Ziel zu erreichen und um die genannten psychologischen Klippen zu umschiffen, hat sich ein Vorgehen in vier Schritten bewährt.

> ### Stärkendes Feedback
>
> **Schritt 1:** Einleiten, Neugier wecken.
> **Schritt 2:** Verhalten und Wirkungen des beobachteten Verhaltens schildern (»Video«).
> **Schritt 3:** Alternativen zum Verhalten und deren Wirkungen beschreiben (Vision).
> **Schritt 4:** Empfang des Feedbacks überprüfen.

Schritt 1: Einleiten, Neugier wecken

Eine Einleitung könnte sein: »Ich habe etwas beobachtet. Wollen Sie es hören?« oder »Mir ist etwas aufgefallen. Vielleicht interessiert es Sie.« Auf diese Weise wecken Sie die Neugier des Feedback-Nehmers und testen seine Bereitschaft. Sie überfallen ihn nicht, drängen das Feedback nicht auf. *Beispiel für die Einleitung*

Schritt 2: Verhalten und Wirkungen des beobachteten Verhaltens schildern

Dies ist das eigentliche Feedback. Jetzt beschreiben Sie einen oder wenige kurze thematisch zusammengehörende Ausschnitte aus Ihrem Video im Kopf. Es kommt darauf an, wirklich wichtige Beobachtungen ins Licht zu rücken.

Beispiel für ein Feedback an einen Vortragenden: »Sie sind hinter das Rednerpult getreten. Dann haben Sie einige Zeit in Ihrem Manuskript geblättert. Sie haben hochgesehen und sich geräuspert. Dann haben Sie wieder in Ihr Manuskript gesehen und gesagt: ›Meine Damen und Herren.‹ Nach einer kurzen Pause haben Sie begonnen vorzulesen. Zu Beginn haben Sie lauter gesprochen, dann wurden Sie leiser. Gleichzeitig haben Sie schneller geredet. Zum ersten Mal haben Sie wieder aufgeblickt, als Sie die erste Seite beiseite legten. Das hat *Beispiele für beschreibendes Feedback* sich dann bei jedem Seitenwechsel wiederholt.« (Beschreibung des Verhaltens, hier mehrere kurze Ausschnitte) »Ich habe mich dabei ertappt, dass ich Ihnen nach der ersten Seite nicht mehr richtig zugehört habe. Meine beiden Sitznachbarn haben etwa nach drei Minuten miteinander geflüstert. Auch in der Reihe vor mir habe ich zwei flüsternde Paare gesehen. Als Sie die Folie mit dem Diagramm gezeigt haben, verstummten diese Gespräche sofort.« (Beschreibung der Wirkung)

Ein zweites Beispiel aus einem Train-the-Trainer-Seminar: »Sie sind ans Flipchart getreten und haben zu schreiben begonnen. Dabei haben Sie weitergeredet. Wir haben nur Ihren Rücken gesehen. Dann haben Sie sich wieder umgedreht und Ihre Erklärung fortgesetzt. Sie sind nicht mehr auf das eingegangen, was Sie geschrieben haben.« (Beschreibung des Verhaltens) »Als Sie am Flipchart geschrieben haben, konnte ich nicht sehen, was Sie schrieben, weil Sie davor standen. Sie waren auch schwer zu verstehen, weil Sie zum Flipchart redeten. Als ich Ihre Anschrift sehen konnte, hatte ich große Schwierigkeiten beim Lesen. Die Schrift war zu klein.« (Beschreibung der Wirkung)

Ich-Botschaften Die Reportage zu den Wirkungen kann auch Reaktionen des Feedback-Gebers schildern. »Ich bin an dieser Stelle nachdenklich geworden.«, »Ich habe nicht mehr zugehört.«. Wenn das Verhalten den Feedback-Geber direkt betroffen hat: »Das hat mich verletzt.«, »Das hat mich aufgebaut.«, »Das machte mich wütend.«. Alle diese Schilderungen sind erlaubt, weil sie authentisch sind. Man kann ja in sich hineinsehen und die inneren Ereignisse als Reporter schildern. Authentische Ich-Botschaften sind wertvoll für den Feedback-Empfänger, weil sie ihm Dinge mitteilen, zu denen er von außen keinen Zugang hat.

Nicht erlaubt im professionellen Feedback sind dagegen Aussagen über das Innenleben anderer Personen. Denn sie wären Deutung, Spekulation, keine Reportage mehr.

Schritt 3: Alternativen zum Verhalten und deren Wirkungen beschreiben (Vision)

Dieser Schritt ist notwendig, wenn Ihr Feedback ein ungünstiges Verhalten beschreibt. Das muss vom Empfänger erst verdaut werden. Mit Schritt drei richten Sie den Blick auf eine Alternative, die positive Auswirkungen hat.

Beispiel eines Feedbacks zum Umgang mit dem Flipchart: »Ich stelle mir vor, Sie würden das nächste Mal am Flipchart zuerst in Ruhe schreiben und dabei nicht sprechen. Dann stellen Sie sich neben das Flipchart, schauen die Teilnehmer an und kommentieren, was Sie angeschrieben haben.« (Beschreibung des Verhaltens) »Sie können dann konzentriert und lesbar schreiben. Ihr Flipchart sieht hinterher gut aus. Danach können wir Ihnen aufmerksam zuhören und Sie gut verstehen.« (Beschreibung der Wirkung)

Beispiel »Vision«

Der Feedback-Geber ergänzt die Reportage durch eine Vision: »So könnte es sein.« Damit diese ihre Anziehungskraft beim Feedback-Nehmer entfaltet (»Ja, genau das wünsche ich mir!«), muss sie

- konkret und
- positiv

formuliert sein, wie im Beispiel dargestellt. Mit Absicht ist die Vision im Beispiel nicht im Konjunktiv formuliert (»dann würde Ihr Flipchart gut aussehen«), sondern im Präsens der Reportage (»Ihr Flipchart sieht hinterher gut aus«). Das verkleinert den Abstand vom Jetzt zur Vision. Der Feedback-Nehmer sieht in seinem Kopfkino die Alternative schon umgesetzt.

Schritt 4: Empfang des Feedbacks überprüfen

Das Feedback ist abgeschickt. Jetzt wollen Sie wissen, was der Feedback-Nehmer damit anstellt. Dazu fragen Sie: »Wie geht es Ihnen damit?«, »Können Sie mit dem Feedback etwas anfangen?«, »Was löst das in Ihnen aus?«, »Was sagen Sie dazu?«. Das sind öffnende Fragen, Impulse an den Feedback-Nehmer, sich zum Feedback zu äußern. Fehl am Platze sind Fragen, die eine Unterstellung enthalten oder Druck machen: »Ist das auch alles angekommen?«, »Stimmen Sie mir zu?«, »Wissen Sie jetzt, was Sie tun sollen?«

Diese vier Schritte beim Feedback-Geben können auch kürzer ausfallen als in den Beispielen. Aber die meisten Feedback-Geber neigen dazu, es zu kurz zu machen. Vielleicht, weil sie das Feedback rasch hinter sich bringen wollen oder weil sie sich nicht mehr genau an die Details erinnern. Zu knapp wäre es zum Beispiel, dem ablesenden Redner rückzumelden: »Sie lesen viel ab und schauen die Leute selten an.« Das wäre zwar auch ein Feedback, mit dem der Empfänger etwas anfangen könnte. Aber wenn Sie es mit einer Schilderung wie der obigen vergleichen bemerken Sie, dass es die **Details** sind, die dem Feedback-Nehmer helfen, sich die Situation noch einmal vor Augen zu führen und die Auswirkungen genauer wahrzunehmen. Das konkrete Feedback ist überzeugender, nachvollziehbarer.

»Hätten Sie es gern hart oder weich?«

In Verhaltensseminaren gehört regelmäßiges Feedback zum Tagesgeschäft. Teilnehmer beobachten andere Teilnehmer bei Rollenspielen und Übungen und berichten ihre Eindrücke. Hierbei können wieder Mechanismen der sozialen Erwünschtheit stören (s. S. 107 »Es menschelt beim Feedback«). Man will höflich sein, den anderen nicht kritisieren. So kommt es dann zu Feedbacks, die so zensiert und retuschiert sind, dass sie keinen Wert mehr haben. Diese Mechanismen lassen sich ausschalten, wenn der Feedback-Empfänger selbst sagt, dass er es ehrlich haben will. Fragen Sie also den Feedback-Nehmer: »Wie hätten Sie das Feedback gern: weich, mittel oder hart?« Sie können dazu drei Stühle mit Pinnwand-Karten markieren. Wenn der Feedback-Nehmer sich auf den Stuhl mit der Beschriftung »hart« setzt, entlastet das die Feedback-Geber. Sie geben ehrlicheres Feedback. Statt den Stühlen können Sie dem Teilnehmer auch eine rote, eine gelbe und eine grüne Pinnwand-Karte in die Hand geben. Bevor die Beobachter ihr Feedback bekannt geben, hält er dann eine dieser Karten hoch, um anzuzeigen, wie er das Feedback gerne hätte: rot = schonungslos, grün = mit Samthandschuhen, gelb = mittel. Ich habe noch niemand erlebt, der den Stuhl »weich« ausgesucht oder die grüne Karte gezeigt hätte. Die Feedbacks sind ehrlicher geworden.

Feedback statt Lob und Tadel

Lob und Tadel sind Bewertungen. Das ist ihr Handicap. Denn man kann nicht vorhersagen, wie die Bewertung ankommt. Untersuchungen bei Schülern haben gezeigt, dass gute, selbstbewusste Lerner sogar ein Lob für sich entwerten: »Ich weiß, dass ich gut bin. Zeit, dass der Lehrer das endlich merkt.« Für diese selbstbewussten Lerner bekommt Lob leicht etwas Gönnerhaftes und auch ein »Gönner« ist bekanntlich in der Position des Überlegenen. Tadel hat erst recht Nachteile: Er bedroht das Selbstwertgefühl (deshalb löst er meist Rechtfertigungen aus), er informiert nicht über das richtige Verhalten und wie beim Lob definiert sich der Tadelnde als der Ranghöhere. Statt Lob und Tadel empfiehlt sich ein Vorgehen wie beim professionellen Feedback, allerdings mit einer Ergänzung: Man beschreibt nicht nur Verhalten und schildert die Wirkungen, sondern gibt noch einen **Maßstab** an, der eine Bewertung erlaubt.

Statt des Lobes »Das hast du super gemacht« sagt der Tennistrainer: »Du hast diesmal den Ball gerade hochgeworfen und den Rücken schön zurückgebogen.« (Verhalten) »Du hast den Ball voll getroffen und die ganze Spannung in den Schlag gelegt. Der Aufschlag war knallhart und gut platziert.« (Wirkung) »Das war der beste Aufschlag, der dir bisher gelungen ist.« (Maßstab)

Beispiel

Dieses Feedback fördert den Lernprozess. Lob hätte nur das Wohlbefinden gesteigert. Allerdings verlangt diese Rückmeldung wie jedes Feedback, dass der Feedback-Geber gut beobachtet und seine Beobachtungen klar beschreibt. Loben und Tadeln ist einfacher.

Was tun, wenn das Feedback Widerstand auslöst?

Im Abschnitt »Es menschelt beim Feedback« habe ich geschildert, dass es nicht leicht ist, kritisches Feedback anzunehmen. So kommt es zu Widerständen in vielfältigen Variationen.

- Man zweifelt die Schilderung an: »So war das doch gar nicht!«
- Man bagatellisiert die Schilderung: »So schlimm war das doch nicht!«
- Man übertreibt die Schilderung: »Ich weiß, das war eine Katastrophe.«
- Man missversteht die Schilderung: »Sie wollen mich provozieren.«
- Man sucht Gegengutachter: »Da möchte ich wissen, ob das die anderen auch so gesehen haben.«

Jetzt ist Vorsicht geboten: Wenn Sie sich auf eine Diskussion einlassen, spielen Sie das Spiel des Feedback-Empfängers. Der wird seinen Widerstand zu untermauern suchen und Sie werden sich dabei aufreiben, diesen aufzulösen.

Aussichtsreicher und konsequenter ist es, die **Reportertechnik** fortzusetzen (siehe dazu auch Kapitel »Reparieren«). Eben haben Sie Ihre Beobachtungen, Ihr inneres Video, beschrieben. Jetzt beschreiben Sie die aktuelle Situation. Sie

Beispiel für den Umgang mit Widerständen

sagen also nicht »Es war aber so. Ich habe genau zugehört und mir Notizen gemacht«, sondern »Ich habe Ihnen mitgeteilt, was ich beobachtet habe. Ich habe mir Mühe gegeben, genau zu sein. Sie sagen, es sei anders gewesen. Sie halten meine Beobachtung für falsch. Wir sehen die gleiche Sache verschieden.« Dann blicken Sie den Feedback-Nehmer an und warten ab. Mehr ist nicht zu sagen. Kein »Sicher, vielleicht habe ich mich geirrt, aber« oder »Ich gebe zu, bei zwei Menschen sieht jeder etwas anderes, aber«.

Sie haben Ihren Job getan, ein gutes Video im Kopf zu drehen und es anschaulich zu schildern. Jetzt gehört das Feedback dem Empfänger. Es ist seine Sache, was er damit macht. Das ist keineswegs Resignation, sondern eine klare Definition der Rolle des Feedback-Gebers. Alles andere vermischt das Feedback mit anderen Absichten und schafft Konfusion.

Soll man Feedback-Regeln vereinbaren?

Wenn man mit einer Lernergruppe länger zusammenarbeitet und es bei dieser Arbeit immer wieder zu Feedback kommt, macht es Sinn, den produktiven Umgang mit Feedback zum Thema zu machen. Eine Möglichkeit ist, dass Sie als Lehrerin oder Trainer Regeln vorschlagen und sie erläutern. Ein anderer Weg ist, die Teilnehmer selbst Regeln finden zu lassen. Beide Ansätze führen meistens zum gleichen Ergebnis. Im zweiten Fall ist anschließend aber die Bereitschaft größer, dass sich an die Regeln hält. Denn man hat sie ja selbst formuliert. Es gibt Trainerinnen und Trainer, die alle Regeln auf einem Flipchartbogen festhalten und ihn von jedem Teilnehmer unterschreiben lassen. Das Poster hängt während des ganzen Seminars an der Wand. Meistens werden folgende Regeln entwickelt:

Als Feedback-Empfänger ...
● rechtfertige ich mich nicht,
● frage ich nach, wenn ich etwas nicht verstehe,
● überlege ich, wie ich es verwerten kann.

Als Feedback-Geber ...
● beschreibe ich, aber bewerte nicht,
● bin ich ehrlich,
● gebe ich »Ich-Botschaften«,
● überlasse ich es dem Empfänger, was er mit meinem Feedback macht.

In meinen Seminaren wähle ich für solche Vereinbarungen einen anderen Zeitpunkt. Ich warte ab, bis jemand ein schlechtes Feedback gibt oder ein Empfänger ungünstig auf ein Feedback reagiert. Dann erst bringe ich das Thema »Regeln« ein. Wenn alles gut läuft, kann ich mir die Diskussion darüber sparen.

Stummes Feedback

Ich habe in den Abschnitten »Es menschelt beim Feedback« und »Was tun, wenn das Feedback Widerstände auslöst?« beschrieben, dass ein öffentlich vorgetragenes Feedback soziale Mechanismen in Gang setzt, die das Feedback belasten. In meinen Seminaren arbeite ich deswegen gerne mit Methoden, bei denen das Feedback **schriftlich** fixiert wird. Hier einige Beispiele:

- **Kartenfeedback:** Nach einem Rollenspiel teilen die Beobachter ihr Feedback nicht mündlich mit, sondern schreiben es in Stichworten auf Moderationskarten. Wenn keiner mehr schreibt, gehen alle zur Pinnwand und pinnen die Karten an. Ich frage den Feedback-Nehmer: »Haben Sie Fragen?«, »Fällt Ihnen etwas auf?«, »Ist etwas Neues für Sie dabei?«. Diese Methode hat drei gewichtige Vorteile gegenüber dem mündlichen Feedback: Erstens spart sie Zeit, zweitens sieht der Feedback-Nehmer alle Feedbacks auf einen Blick, drittens sind die Feedback-Geber ehrlicher als beim mündlichen Feedback-Ritual.

Beispiele für schriftliches Feedback

- **Litfaßsäule:** Wenn sich eine Gruppe länger kennt, kann es Sinn machen, dass sich die Mitglieder untereinander ein Feedback geben. Dazu klebt man jedem einen Flipchartbogen mit zwei Klebestreifen auf den Rücken. Jeder erhält eine Wachsmalkreide, mit der er anderen Feedbacks auf den Rücken schreiben kann. Man geht im Raum umher (am besten zu Musik), schaut, was bei den anderen schon steht, fügt hier und dort etwas hinzu und wird immer neugieriger, was wohl gerade auf den eigenen Rücken geschrieben wird. Nach etwa fünf bis zehn Minuten beendet der Trainer das Spiel. Jeder löst sein Poster ab und kann es mit nach Hause nehmen.

● **Briefkasten:** Jeder Teilnehmer bastelt sich einen kleinen Papierbehälter, in den Pinnwand-Karten passen. Die Behälter werden mit den Namen beschriftet und an eine Pinnwand geheftet. Sie steht das ganze Seminar über in einer Raumecke. Wenn ein Teilnehmer Lust hat, jemand ein Feedback oder eine andere Mitteilung zukommen zu lassen, schreibt er es auf eine Pinnwand-Karte und steckt sie in dessen Briefkasten. In den Pausen kann ich beobachten, wie die Teilnehmer immer wieder nachschauen, ob in ihrem Briefkasten eine Karte angekommen ist.

Tipps zum Üben

● Wie hört sich Ihr Feedback an, wenn Sie einem Teilnehmer mitteilen, dass sein Schweißgeruch für die anderen unerträglich ist? Die Teilnehmer leiden darunter, trauen sich aber nicht, es dem Kollegen zu sagen.
● Versuchen Sie bei der nächsten Gelegenheit, statt eines Lobes oder eines Tadels ein Feedback zu geben. Was ändert sich für Sie?
● Üben Sie immer wieder, ein Verhalten und dessen Wirkungen präzise zu beschreiben. Nutzen Sie die Metapher, Sie hätten eine Szene mitgefilmt und müssten das Video in Worte fassen. Wählen Sie den richtigen Ausschnitt: gibt er dem Feedback-Nehmer die Chance, etwas zu sehen, das für ihn neu ist?
● Beobachten Sie, wie Sie selbst auf Feedback von anderen reagieren.

Zum Thema »Feedback« habe ich im Zug von Karlsruhe nach Stuttgart dieses Mundartgedicht von Alfons Russ an einer Fensterscheibe entdeckt:

»Me soll imma andere d'Wohrheit wi an Mantel nahebe,
dasser nu grad inischlupfe ka.
Und it wie en nasse Lumpe um de Grind rumschla.«

(Versuch einer Übersetzung: Man soll dem anderen die Wahrheit wie einen Mantel hinhalten, dass er leicht hineinschlüpfen kann. Und sie ihm nicht wie einen nassen Lumpen um den Kopf schlagen.)

Kapitel 7: Reparieren

Prüfen Sie, ob »Reparieren« ein Thema für Sie ist.

Welchen Sätzen stimmen Sie zu?

● Das Wichtigste für Lehrende in schwierigen Situationen ist, dass sie ihre Autorität beweisen.
● Wenn jemand elementare Regeln verletzt, muss man hart durchgreifen, sonst tanzen einem die Schüler/Teilnehmer bald auf dem Kopf herum.
● In einer Krise darf man als Lehrender nicht herumdiskutieren, sondern muss selbst eine Lösung suchen. Die Schüler/Teilnehmer wären damit überfordert.
● Wichtig ist nicht, warum jemand sich nicht an die Regeln hält, sondern dass er es tut.
● Ich hoffe, dass ich als Lehrender nicht in eine Situation komme, wo ich nicht mehr weiter weiß.

Wenn Sie auch nur einer Aussage zustimmen, lohnt es sich weiterzulesen.

Pädagogische Unfälle

Es kann Ihnen schon morgen passieren. Plötzlich und unerwartet, aus heiterem Himmel. Vielleicht gibt es schon vage Vorzeichen. Aber wenn es dann eintritt, sind Sie überrascht und wissen zugleich, dass Sie jetzt handeln müssen. Auch die Schüler, Zuhörer, Teilnehmer sind ratlos. Alle erwarten, dass Sie wissen, was zu tun ist. Aber was sollen Sie denn um Himmels willen tun?

Die Rede ist von Ereignissen im Unterricht, Kurs oder Seminar, die das ruhige Dahinströmen der gemeinsamen pädagogischen Arbeit abrupt unterbrechen. Wie ein Unfall. Eben schien noch alles in Ordnung, jetzt steht man vor Trümmern. Bei einem Autounfall hat sich meistens jemand nicht an die Regeln gehalten. Bei pädagogischen Unfällen ist es nicht anders. Regeln, geschriebene und ungeschriebene, werden verletzt, wenn zum Beispiel ...

- ein Schüler im Unterricht die Lehrerin anschreit: »Lass mich in Ruhe, du alte Fotze!«
- ein Seminarteilnehmer sich weigert, an einem Rollenspiel teilzunehmen: »Das mache ich nicht. Das ist mir zu blöd.«
- eine Teilnehmerin während eines Feedbacks in Tränen ausbricht.
- ein Volkshochschulteilnehmer betrunken in den Kurs kommt.
- eine Teilnehmerin sich meldet und dem Kursleiter eröffnet: »Es ist eine Zumutung, was Sie uns hier bieten.«

Was tun, wenn Ihnen solches widerfährt?

Spontan ist halb verloren

Es ist ein Reflex zurückzuschlagen, wenn man geschlagen wird, zurückzuschreien, wenn man angeschrien wird. Der pädagogische Reflex auf die Missachtung von Regeln heißt »Entrüstung«. Sie ist voll von Zorn über die Regelverletzung und den Missetäter, der die Harmonie so rücksichtslos gestört hat: »Unverschämtheit!«, »Frechheit!«, »Was fällt Ihnen ein?!« Dieser Zorn ist ein »heiliger« Zorn, denn man fühlt sich im Recht. Heiliger Zorn tut gut. Man muss nichts hinunterschlucken, sich nicht »am Riemen reißen«, nicht nachdenken. Stattdessen schießt man aus der Hüfte wie der Sheriff im Western. Man zeigt dem Störer: »Das kannst du mit mir nicht machen!« Die Zuseher lernen: »So geht es hier jedem, der sich nicht an die Regeln hält.«

Diese spontanen Reaktionen sind menschlich und finden nicht selten Zuspruch beim Publikum: »Recht so. Der hat es ihm aber gegeben!« Doch es kann auch anders kommen. Zurückschreien, zurückschießen bedeutet **Eskalation**. Man heizt an statt abzukühlen, gießt Öl ins Feuer anstatt zu löschen. Mit der Eskalation steigt das Risiko, dass es noch schlimmer kommt, dass die Beteiligten Dinge sagen oder tun, die noch mehr Porzellan zerschlagen. Handlungen, die sie später bereuen. Worte, die besser ungesagt geblieben wären. Auch der erste Beifall des Publikums ist trügerisch. Wenn der Pulverdampf verflogen ist und man die Schäden sieht, kommen die Zweifel: »Hätte man das nicht anders regeln können?« Jeder weiß, wer mit »man« gemeint ist: der Lehrer, der Kursleiter, die Trainerin. Notwehr führt hier nicht zum Freispruch durch die Gruppe.

Auch der Lehrende plagt sich im Nachhinein mit Selbstzweifeln. Das ist gut so. Denn Freispruch ist aus pädagogischer Sicht auch nicht angebracht. Ihre zentrale Aufgabe ist es ja, die **Arbeitsfähigkeit** der Lernenden zu erhalten oder sie wieder herzustellen, wenn sie gelitten hat. Entrüstung und Schüsse aus der Hüfte sind wenig geeignet, um eine gestörte Arbeitsfähigkeit wieder herzustellen. Deshalb sind sie unprofessionell. Auch wenn der »Störer« klein beigibt, wie beim Gebalge zwischen Wölfen die Demutsgebärde zeigt und den Lehrer oder Trainer wieder als Ranghöheren anerkennt, ist er noch nicht wieder arbeitsfähig. Ebenso das Publikum: Wenn es Ihre Aktion mit zustimmendem Kopfnicken quittiert ist die Arbeitsfähigkeit trotzdem beeinträchtigt. Regelverletzungen beschädigen die Arbeitsfähigkeit, weil sie irritieren, beunruhigen, aufregen. Die pädagogische Arbeit muss sich darauf richten, die Arbeitsfähigkeit sorgfältig wieder herzustellen, auch die des Lehrenden. Deshalb heißt dieses Kapitel »Reparieren«.

Die Reportertechnik

Es gibt eine einfache Methode, die ich immer anwende, wenn ich in einer schwierigen Situation handeln muss, aber noch keine Zeit hatte, in Ruhe über Lösungen nachzudenken. Ich nehme die Reporterhaltung ein. (Im Kapitel »Feedback geben« wurde die Reportage als Technik beschrieben, um Beobachtungen mitzuteilen, das »innere Video« zu beschreiben.) Das Beruhigende ist, dass ich mit dieser Haltung und dem damit verbundenen Verhalten auf der sicheren Seite bin. Die Methode ist einfach: Wie ein Reporter beschreibe ich, was geschehen ist und was gerade geschieht. Manchmal schildere ich auch, was wahrscheinlich geschehen wird. Diese Technik kann sich bei den oben genannten Beispielen so anhören:

Beispiele für die Reportertechnik

Beispiel 1: »Ich habe Oliver abgefragt. Er konnte keine Frage richtig beantworten. Nach der fünften Frage hat er geschrien, ich soll ihn in Ruhe lassen. Und er hat mich mit einem üblen Schimpfwort belegt. Es ist ein Schimpfwort, das Menschen benutzen, für die Frauen ein Stück Dreck sind. Das tut mir weh. Eben war Oliver noch sehr laut. Ich weiß nicht, wie es ihm jetzt geht. Ich weiß auch nicht, wie es den anderen in der Klasse geht. Es ist hier in unserer Klasse passiert. Jeder hat es mitbekommen.«

Beispiel 2: »Herr Kübler, Sie wollen beim Rollenspiel nicht mitmachen. Ihr Partner ist bereit und wartet, dass Sie einsteigen. Die Beobachter warten auch, dass es losgeht. Alle wollen sehen, wie das Gespräch laufen wird. Was man daraus für die Praxis mitnehmen kann. Wir können ohne Sie nicht starten. Sie haben auch noch nicht gesagt, was genau sie ›blöd‹ finden.«

Beispiel 3: »Mehrere Teilnehmer haben Frau Küstner ein Feedback gegeben. Frau Küstner hat zugehört und sich Notizen gemacht. Dann hat sie zu weinen begonnen. Jetzt sitzt sie da und hat ihr Gesicht in den Händen verborgen. Sie hat nichts gesagt. Wir wissen nicht, was sie zum Weinen gebracht hat. Wir wissen nicht, wie wir ihr helfen können, wieder ins Gleichgewicht zu kommen.«

Beispiel 4: »Herr Flimm, Sie können nicht gerade stehen und nicht mehr klar sprechen. Es sieht aus, als hätten sie getrunken. Ihr Nachbar hat sich gerade einen Stuhl weiter weg gesetzt. Die anderen schauen Sie immer wieder an und sind nicht bei der Sache.«

Beispiel 5: »Frau Wiesinger sagt, es sei eine Zumutung, was ich Ihnen hier biete. Ich bin überrascht. Ich weiß nicht, was es ist, das Sie als Zumutung empfinden. Ich weiß auch nicht, wie es den anderen Teilnehmern geht. Sie haben sich nicht dazu geäußert.«

Der Reporter berichtet in diesen Beispielen, was er beobachtet. Auch das, was er an sich wahrnimmt. Er spricht außerdem Punkte an, die von Interesse sind, zu denen aber noch keine Informationen vorliegen. Er versucht zu beschreiben, nicht zu bewerten und zu deuten. Die Lehrerin sagt »Das tut mir weh«, nicht »Oliver wollte mir wehtun«. Es heißt nicht »Das Feedback war zu hart, deshalb hat Frau Küstner geweint.«, sondern »Frau Küstner hat zugehört und sich Notizen gemacht. Dann hat sie zu weinen begonnen.« Doch es kommt auch auf das Wie an.

- **Sprechen Sie Ihre Reportage betont langsam.** Machen Sie Pausen. Sie kommentieren ein wichtiges Ereignis live. Da versteht jeder, dass Sie ihre Worte abwägen. Sie haben Zeit, sorgfältig zu formulieren. Und man hört Ihnen aufmerksamer zu. Wenn nach dem Schock einer Regelverletzung der Lehrende als Erster das Wort ergreift, ist das ohnehin eine Situation, in der man eine Stecknadel fallen hört.
- **Wenn Sie Ihre Reportage beendet haben, schweigen Sie und schauen Ihre Gesprächspartner direkt an.** Sind es mehrere, wie im Unterricht oder Seminar, wandert Ihr Blick langsam von Gesicht zu Gesicht. Bei nur einem Partner fixieren Sie ihn ruhig und konzentriert. Diese Kombination von Schweigen und Blickkontakt ist sehr wirksam (mehr dazu im Kapitel »Schweigen«). Sie verleiht Ihren Worten im Nachhinein Gewicht und setzt zugleich einen starken Impuls an Ihre Zuhörer, Stellung zu nehmen, selbst etwas zu sagen.

Tipps für das »Wie«

Die Reportertechnik ist noch keine Reparatur. Aber die Reportage bereitet die Reparatur vor. Sie macht das Ereignis leichter zu bearbeiten. Dies aus zwei Gründen.

- Der Bericht lässt das Ereignis noch einmal vorbei ziehen, wie eine Wiederholung in Zeitlupe. Diese Wiederholung lässt manches deutlicher sehen.
- Die Rolle des Berichterstatters macht es dem Reporter leichter, den Überblick zu behalten. Berichten verlangt, genau hinzusehen und seine Beobachtungen in Sprache zu fassen. Wer berichtet, folgt nicht spontanen Reflexen.

Insgesamt ist die Reporterhaltung ein ebenso einfaches wie wirksames Verfahren für soziales »Cooling down«, wie es in der Fachsprache heißt. Reportage deeskaliert. Der Bericht macht das Ereignis handlicher. Nun kann man es eher »be-greifen« und bearbeiten. Die Reparatur kann beginnen.

Und Sie haben ein Kunststück geschafft: Obwohl Sie bislang »nur« Reporter waren, haben Sie die Initiative ergriffen, ohne einen Fehler zu machen.

Von der Reportage zur Reparatur

Zu jedem der oben geschilderten Beispiele lässt sich eine Fortsetzung denken, mit der die Reparatur beginnt.

Beispiel   Beispiel 1: »Ich gehe jetzt aus dem Klassenzimmer und lasse euch allein. In fünf Minuten bin ich wieder da. Lasst uns alle in der Zwischenzeit überlegen, wie wir mit diesem Vorfall umgehen. Ich werde jeden von euch fragen, auch Oliver, und dann selbst einen Vorschlag machen.«

Dieser Reparaturversuch setzt konsequent die beiden letzten Sätze der Reportage fort: »Es ist hier in unserer Klasse passiert. Jeder hat es mitbekommen.« Die Lehrerin gibt jetzt Zeit für die gemeinsame Suche nach einer Lösung. Die Intervention, den Raum zu verlassen, wird mit einer Zielsetzung verbunden und damit einsichtig. Die Schüler wissen, wie es danach weitergehen wird. Die Lehrerin kann in der Auszeit ohne sofortigen Handlungsdruck überlegen, welche Reparatur sie bevorzugt. Möglicherweise kommt es in der Zwischenzeit zwischen Oliver und den Mitschülern schon zu Reparaturversuchen.

Beispiel 2: »Herr Kübler, was finden Sie denn blöd an diesem Rollenspiel? Wenn wir das wissen, werden wir versuchen, das Rollenspiel so gestalten, dass es Sinn für Sie macht.« *Beispiel*

Der letzte Satz der Reportage »Sie haben auch noch nicht gesagt, was genau sie ›blöd‹ finden« weist schon den Weg zur Reparatur. Der Teilnehmer ist noch nicht arbeitsfähig für das Rollenspiel. Aber er hat erkennen lassen, dass es dafür einen Grund gibt. Der wird jetzt ans Licht gebracht und möglichst konstruktiv verwendet. Die Reportage hat übrigens Herrn Kübler erkennen lassen, dass es nicht nur um ihn geht, sondern dass ein gemeinsamer Arbeitszusammenhang besteht. Natürlich könnte der Trainer auch deutlich machen, dass es keine Ausnahmen gibt, sondern jeder einmal an einem Rollenspiel teilnimmt. Aber für die Arbeitsfähigkeit des Teilnehmers und die Ergiebigkeit des Rollenspiels ist der aufgezeigte Weg besser.

Beispiel 3: »Frau Küstner, Sie helfen uns allen, wenn Sie mitteilen, was Sie zum Weinen gebracht hat. Vielleicht können wir dabei etwas lernen. Entscheiden Sie bitte, wann Sie das für uns tun wollen.« Dann wird das Seminar fortgesetzt. *Beispiel*

Eine Pause wie in Beispiel 1 wäre auch sinnvoll, aber das würde Druck auf Frau Küstner ausüben, sofort nach der Unterbrechung den Grund für ihr Weinen zu nennen. Wichtig ist, dass Frau Küstner wieder arbeitsfähig wird. Dafür muss man ihr Zeit lassen. Arbeitsfähig müssen aber auch die anderen werden, vor allem die Feedback-Geber, weil sie grübeln, was sie falsch gemacht haben. Die Formulierung macht Frau Küstner deutlich, dass sie es in der Hand hat, aus dem Unfall eine Lernchance für alle zu machen.

Beispiel 4: »Ich denke, dass Sie nicht mehr arbeitsfähig sind. Und Sie lenken uns alle ab. Wir schauen dauernd, wie es Ihnen geht. Überlegen Sie doch, ob es nicht besser wäre, uns zuliebe nach Hause zu gehen. Ich hoffe, dass Sie das nächste Mal wieder dabei sind.« *Beispiel*

Dass der Teilnehmer überhaupt erschienen ist zeigt, dass ihm der Kurs wichtig ist. Deshalb wäre es falsch, sich zu empören und ihm Vorhaltungen zu machen. Aber seine Arbeitsfähigkeit ist so rasch nicht mehr herzustellen. Deshalb geht es darum, die Arbeitsfähigkeit der anderen zu sichern. Die Formulierung gibt dem Teilnehmer eine Chance, diesen Zusammenhang zu erkennen. Zumindest haben die anderen nicht den Eindruck, hier werde jemand hinausgeworfen, weil er sich schlecht benommen hat.

Beispiel Beispiel 5: »Es ist mir wichtig, dass es Sinn macht, was ich Ihnen anbiete. Frau Wiesinger hat mir klar gemacht, dass ich zu wenig weiß, wie Sie unsere Arbeit erleben und was Sie gerne anders hätten. Jetzt brauche ich Ihre Unterstützung. Hier sind Pinnwand-Karten. Schreiben Sie bitte auf rote Karten, was Sie vermissen und auf gelbe Karten, was Sie vorschlagen. Warten Sie, bis niemand mehr schreibt. Dann gehen Sie bitte alle zur Pinnwand und heften Ihre Karten an. Wir werden uns das gemeinsam ansehen und überlegen, was zu tun ist. Ich bin gespannt.«

Es wäre nahe liegend, aber falsch, die Reparaturversuche auf Frau Wiesinger zu fokussieren, nur weil sie es war, die Kritik geäußert hat. Die letzten beiden Sätze der Reportage »Ich weiß auch nicht, wie es den anderen Teilnehmern geht. Sie haben sich nicht dazu geäußert« haben aufgezeigt, dass es in der Wahrnehmung der Trainerin einen großen weißen Fleck gibt. Der Reparaturvorschlag sucht offen zu legen, was an Unzufriedenheit und Wünschen im Raum ist. Die Kartenabfrage passt ideal, weil sie individuell und anonym ist und weil man an der Pinnwand auf einen Blick alle Beiträge in der Gesamtschau sehen kann. Richtig ist, dass die Trainerin ankündigt, wie es nach der Kartenabfrage weitergeht. Die Teilnehmer wissen somit, dass sie die Arbeit nicht für den Papierkorb machen. Sie spüren, dass die Trainerin ihre Mitverantwortung für die gemeinsame Arbeit ernst nimmt.

Allen Beispielen gemeinsam ist, dass die Kompassnadel für das Verhalten des Lehrenden unbeirrbar in eine Richtung zeigt: **»Wie stelle ich die Arbeitsfähigkeit wieder her?«** Das ist professionell. Unprofessionell sind dagegen egozentrische Suchrichtungen wie: »Wie kann ich meine Autorität beweisen? Wie kann ich mich rächen? Wie kann ich verbergen, dass ich unsicher bin?«

Wenn ich so denke, zeigt die Nadel auf mich selbst. Ich nehme mich wichtiger als meine Aufgabe. Die professionelle Einstellung ist nicht selbstzentriert, sondern ehrlich, realistisch und lösungsorientiert. Sie verlangt, dass ich mich als Pädagoge verhalte.

Muss das sein?

In meinen Train-the-Trainer-Seminaren ist das Thema »Reparieren« dasjenige, bei dem oft massive Widerstände auftreten. Ein Beweis, dass es um Wichtiges geht. Die Trainer versuchen mit Kräften, Argumente zu finden, um ihr gewohntes Schießen aus der Hüfte zu verteidigen.

- **Das Persönlichkeitsargument:** »Wenn ich so vorgehe, wie Sie das schildern, bin ich nicht mehr ich selbst.«
- **Das Autoritätsargument:** »Die Teilnehmer wollen das gar nicht. Sie legen das nur als Schwäche aus. Die wollen, dass ich dem Störer eines auf die Mütze gebe.«
- **Das Effektivitätsargument:** »Wenn ich knallhart sage, dass es so nicht geht, erreiche ich das Gleiche wie mit Ihrer Methode, aber ohne das ganze Drumherumreden.«
- **Das Selbstachtungsargument:** »Ich lasse mich doch nicht verprügeln und tu dann so, als ob alles halb so schlimm sei.«

Jedes dieser Argumente klingt bärenstark. Wer möchte nicht echt sein, respektiert werden, effektiv arbeiten und sein Gesicht wahren! Aber hinter dieser Mauer der Stärke werden die eigenen Schwächen kultiviert. Die Schwäche mit den tiefsten Wurzeln ist die eigene Bequemlichkeit. Aus der Hüfte schießen ist nun einmal bequemer als das Ereignis realistisch zu verarbeiten, präzise zu beschreiben und sorgfältig zu reparieren. Es ist bequemer, seinen Gefühlen freien Lauf zu lassen, als sich zu disziplinieren und professionell zu handeln. Es tut ja so gut, Ärger und Entrüstung ausleben zu können. Umso mehr, da man in der Machtposition ist und keine Folgen zu fürchten hat. Warum soll man sich dieses Ventil sperren lassen? Eine weitere Schwäche hinter den starken Argumenten ist die Angst, es könne schief gehen, wenn man als Leiter nicht hart durchgreift.

Die Argumente im Sinne von »Du musst stark sein, wenn man dich angreift« kommen mir wie ein Abwehrzauber vor. Ein magisches Ritual, um sich vor den bösen Geistern zu schützen. Doch selbst wenn man sie sich damit kurzfristig vom Leib hält; zu Verbündeten hat man sie nicht gemacht. Deshalb werden sie einen demnächst wieder besuchen. Übertragen auf die pädagogische Situation: Sie mögen mit Strenge oder Schlagfertigkeit (dieser Ausdruck ist hier wörtlich nehmen) kurzfristig einen Punktsieg verbuchen; der Schüler oder Teilnehmer ist damit nicht zu einem besseren Lernpartner geworden.

Aus den Widerständen meiner Teilnehmer habe ich gelernt, dass das Thema »Reparieren« an die Substanz des pädagogischen Selbstverständnisses rührt. Jean Cocteau hat Recht: »In unseren Krisen sind wir am ehrlichsten.« (Dieses Zitat habe ich schon im Buch »Erfolgreiche Kurse und Seminare« wiedergegeben. Dort finden Sie im Kapitel »Krisen« eine ausführliche Systematik zur Analyse schwieriger pädagogischer Situationen. Im vorliegenden Kapitel »Reparieren« ging es vorrangig um die Funktion der Sprache bei Krisen.)

Tipps zum Üben

- Erinnern Sie sich an eine schwierige Situation in einer Ihrer Veranstaltungen. Wie haben Sie agiert? Wie würden Sie handeln, wenn Sie die Reporterhaltung einsetzen und Ihre Reparatur darauf aufbauen?
- Wie ging es Ihnen beim Lesen dieses Kapitels? Wo haben Sie Widerstände gespürt? Prüfen Sie, wovon diese Widerstände Sie abhalten.
- Versuchen Sie bei der nächsten schwierigen Situation, ob im Beruf oder Privatleben, die Reporterhaltung einzunehmen. Was beobachten Sie bei sich und bei den anderen?

Kapitel 8: Schweigen

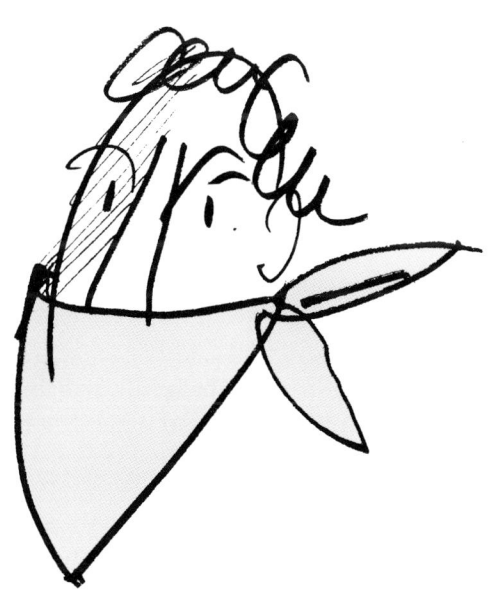

Man sagt Pädagogen nach, sie würden sich gerne reden hören. Doch Reden ist nicht immer das Mittel der Wahl. Martin Luther hat Rednern den Rat gegeben: »Tritt fest auf. Mach's Maul auf. Hör' früh auf.« Ich beschließe dieses Buch über Sprechen in pädagogischen Situationen nun mit einigen Hinweisen, in welchen Situationen es besser wäre, das Maul nicht aufzumachen.

Ein Jahr geschwiegen, um Zuhören zu lernen

Allerdings ist es Pädagogen verwehrt, so konsequent zu schweigen wie der Student Brett Banfe aus New Jersey (Der Spiegel, Nr. 43/2001). Der Neunzehnjährige hat ein ganzes Jahr lang eisern den Mund gehalten, um gegen die Dummschwätzerei auf der Welt zu protestieren. Seiner Mutter hat er noch einen Grund gebeichtet: er sei ein schlechter Zuhörer und wolle beim Schweigen endlich das Zuhören lernen. Beim Studieren hat ihm sein Schweigen übrigens nicht geschadet. Nur seine Freundin Britanny ist ihm weggelaufen.

- **Schweigen, wenn Sie zuhören.** Den Sprecher ansehen und schweigen ist ein starkes Signal: »Ich bin bei dir. Ich höre dir aufmerksam zu.« Wenn dieser mit Sprechen aufhört, wird Schweigen und Anblicken zur Aufforderung: »Bitte erzähle noch mehr! Ich warte.« Verhandlungstaktiker wissen das. Unterbreitet der Verhandlungspartner ein Angebot, dann sagen Sie gar nichts, schauen ihn gelassen an und warten. In vielen Fällen führt allein dieses geduldige Schweigen dazu, dass der Verhandlungspartner sein Angebot nachbessert.
  Doch die strategischen Schweiger sind selten, besonders unter Pädagogen. Lehrer und Trainer glauben schon nach wenigen Äußerungen eines Schülers oder einer Teilnehmerin zu wissen, was sie sagen möchten. Dann wird brüsk unterbrochen: »O.K., ist angekommen.« Stockt ein Teilnehmer für einige Sekunden, muss er mit Ungeduld rechnen: »Das müsstest du doch wissen!« oder »War das alles?« Wie ruhig, souverän und sensibel wirkt dagegen das schweigsame Warten.
- **Schweigen, wenn Sie etwas gesagt haben.** Wenn Sie etwas sagen und danach einige Sekunden stumm in die Gesichter Ihrer Schüler oder Teilnehmer blicken, erzeugt das sofort Spannung. Die Zuhörer merken auf. Sie verstehen Ihr Schweigen als Botschaft, als hätten Sie gesagt: »Ich hoffe, Ihr habt eben genau zugehört. Das war nämlich wichtig!« Richtig platzierte Sprechpausen sind rhetorische Mittel, um eine Aussage aufzuwerten, ihr Gewicht zu verleihen. Es ist, als gönne man den Zuhörern eine Pause, damit sie die Bedeutung des Gesagten angemessen würdigen und durchdenken.
  Lehrer und Trainer legen kaum Sprechpausen ein. Noch seltener setzen sie die Pausen an den richtigen Stellen. Wenn ich sie im Seminar anrege, das zeitweise Schweigen bewusst auszuprobieren, sind sie erstaunt, wie schnell

sich diese rhetorische Technik erlernen lässt, wie gut man sich dabei fühlt und wie überzeugend die Wirkungen sind. Denn jetzt kann eine wichtige Aussage in der Sprechpause ungestört nachklingen und die Zuhörer weiter beschäftigen. Dem Vortragenden schenkt die Sprechpause ein paar Sekunden Zeit, um sich zu sammeln und ruhig zu atmen. Die kleine Änderung »Sprechpausen einlegen« verändert den Eindruck des gesamten Vortrags.

Man muss sich allerdings überwinden, Stille auszuhalten. Drei, vier, fünf Sekunden erscheinen einem selbst – nicht den Zuhörern – anfangs quälend lang. Dass Pausen so schwer fallen zeigt, dass klassische pädagogische Tugenden wie Warten, Verharren, einem Gedanken Raum geben, Opfer der allgemeinen Hektik geworden sind (Geißler 2001). So kommt es zu den Reden, die ebenso gehetzt und ungegliedert vorüberziehen wie im Nachrichtenfernsehen die Bänder mit den Aktienkursen.

Stille aushalten

- **Schweigen, wenn Sie nachdenken.** Die Angst vor der Stille, dem Horror vacui unserer Zeit, zeigt sich auch in dem Phänomen, dass so selten geschwiegen wird, um in Ruhe nachzudenken. Das gilt für Lehrer, Kursleiter und Trainer in besonderem Maße. Wenn Schüler oder Teilnehmer eine Frage stellen, können sie sicher sein, dass die Antwort wie aus der sprichwörtlichen Pistole abgeschossen wird. Nicht selten fällt der Schuss schon, bevor die Frage zu Ende formuliert wurde.

Stattdessen ist es manchmal klüger, eine entspannte Haltung einzunehmen, den Kopf leicht anzuheben, den Blick unscharf zu stellen (zur Decke sehen, aus dem Fenster schauen) und nachzudenken. Die Wirkungen dieses Schweigens sind ausgesprochen pädagogisch. Der Fragesteller sieht sich aufgewertet: »Das war eine gute Frage!« Die anderen beginnen, selbst über die Antwort nachzudenken. Und die Trainerin oder der Lehrer wird nach der Pause eine durchdachte Antwort abgeben. All das wird von den Schnellschützen geopfert, nur weil sie meinen, Tempo sei gut für das professionelle Image.

Beim schweigenden Nachdenken ist es wichtig, die Zuhörer, erst recht den Fragenden nicht anzublicken (wie bei den beiden zuvor geschilderten Schweigesituationen), sondern in eine andere Richtung zu schauen. Schweigen und Fixieren des Fragenden, kombiniert mit einer angespannten Körperhaltung (zum Beispiel sich nach vorne beugen, die Tischplatte oder die Armlehnen seines Stuhls anpacken) würden sofort als Unsicherheit gedeutet: »Aha, jetzt ist sie sprachlos!« Das Wegsehen hat noch einen weiteren Vorteil: Wer kann schon über etwas Schwieriges nachdenken und gleichzeitig jemand in die Augen schauen? Wenn Sie dann nach der Denkpause antworten, müssen Sie den Fragesteller wieder anschauen, am besten ein bis zwei Sekunden, bevor Sie das erste Wort aussprechen. Dann hört Ihnen jeder zu.

● **Schweigen, wenn Sie gefragt haben.** Wenn Lehrer oder Trainer fragen und keiner antwortet, steigt der Adrenalinspiegel. Dass die Lernenden einfach da sitzen und schweigen, bringt Sie aus dem Konzept. In einer empirischen Studie in den USA erfasste man die Zeit, wie lange Lehrer dieses Schweigen ertragen konnten und stellte einen Zusammenhang mit den Punktwerten in einem Angsttest fest. Lehrerinnen und Lehrer, die sich im Test als ängstlicher erwiesen, hielten ein Schweigen der Schüler weniger lange aus als Kollegen mit geringen Angstwerten. Ängstliche Lehrer wiederholen die Frage schon nach ein bis zwei Sekunden, geben eine Hilfe, oder liefern selbst die Antwort.

Wieder verschenkt die Ungeduld Lernchancen. Warten Sie in diesem Fall – mit direktem, aber entspanntem Blickkontakt zu den Teilnehmern – so lange, bis einer etwas sagt. Das kann ein Antwortversuch sein oder eine Mitteilung wie »Ich verstehe Ihre Frage nicht.« Beides hilft weiter. Wenn sich einmal auch nach langem Warten nichts rührt, spielen Sie wieder Reporter (siehe Kapitel »Reparieren«): »Ich habe eine Frage gestellt. Keiner antwortet. Mir fehlt jeder Hinweis, woran das liegen könnte. Wenn Sie mir einen Tipp geben, hilft mir das weiter.«

Das Schweigen, wenn niemand antwortet, ist strategisch gleichzusetzen mit dem im ersten Abschnitt geschilderten Schweigen, wenn der Lernende etwas mitteilt. Hier wie dort wirkt das Schweigen als Appell: »Ich warte. Sage doch etwas.«

Wie diese vier Beispiele zeigen, erzielen Sie mit einer professionellen Kombination von Schweigen, passender Körpersprache und richtigem Timing nicht nur erwünschte Wirkungen. Sie steuern auch, wie Sie von Ihren Schülern oder Teilnehmern wahrgenommen werden. Wer »beredt« schweigt, wirkt einfühlsam, geduldig und souverän. Wer das Schweigen nicht gelernt hat, erscheint geschwätzig, hektisch und angestrengt.

Deshalb schweigt jetzt auch der Autor.

Literaturverzeichnis

Berne, E.: Spiele der Erwachsenen. Reinbek 1967.

Csikszentmihalyi, M.: Flow, Das Geheimnis des Glücks. Stuttgart 2001.

Fengler, J.: Feedback geben. Weinheim und Basel [2]2002.

Geißler, K.A.: Wart' mal schnell. Stuttgart 2001.

Goffman, E.: Wir alle spielen Theater. Die Selbstdarstellung im Alltag. München 2000.

Gührs, M./Nowak, C.: Das konstruktive Gespräch. Meezen 1998.

Held, M./Geißler, K.A. (Hrsg.): Von Rhythmen und Eigenzeiten. Stuttgart 2000.

Hentig, H.: Erkennen durch Handeln. Stuttgart 1982.

Hildenbrandt, E.: Sprachverwendung im Sportunterricht aus soziolinguistischer Sicht. In: Ausschuß deutscher Leibeserzieher (Hrsg.): Sozialisation im Sport. Schorndorf 1974, S. 153–160.

Krapp, A./Prenzel, M. (Hrsg.): Interesse, Lernen, Leistung. Münster 1992.

Krapp, A./Weidenmann B. (Hrsg.): Pädagogische Psychologie. Ein Lehrbuch. Weinheim 2001.

Platon: Sämtliche Werke, Band 2 (übers. v. Schleiermacher). Reinbek 1957.

Reinmann-Rothmeier, G./Mandl, H.: Unterrichten und Lernumgebungen gestalten. In: Krapp, A./Weidenmann, B. (Hrsg.): Pädagogische Psychologie. Ein Lehrbuch. Weinheim 2001, S. 601–646.

Rosenshine, B.: Enthusiastic teaching: A research review. In: Morrison, A./McIntyre, D. (Hrsg.): The social psychology of teaching. Harmondsworth 1972, S. 277–292.

Volger, B.: Lernen von Bewegung. Ahrensburg 1990.

Wagenschein, M.: Erinnerungen für morgen. Weinheim 1983.

Wagenschein, M.: Verstehen lernen. Weinheim 1999.

Watzlawick, P./Beavin, J.H./Jackson, D.D.: Menschliche Kommunikation. Stuttgart 2001.

Weidenmann, B.: Erfolgreiche Kurse und Seminare. Weinheim und Basel [4]2001.

Weidenmann, B.: 100 Tipps & Tricks für Pinnwand und Flipchart. Weinheim und Basel [2]2000.

Weizenbaum, J.: Die Macht der Computer und die Ohnmacht der Vernunft. Frankfurt/M. 2000.

Winterhoff-Spurk, P.: Fernsehen. Fakten zur Medienwirkung. Bern u.a. 2001.

Stichwortverzeichnis